Nicole Bauer / June Fay / Judy Tertini

Mathe lernen

Ordnen und Zählen im Zahlenraum bis 20, 100 und 1000

1.–4. Klasse

Kopiervorlagen mit Lösungen

Gedruckt auf umweltbewusst gefertigtem, chlorfrei gebleichtem
und alterungsbeständigem Papier.

1. Auflage 2012
Nach den seit 2006 amtlich gültigen Regelungen der Rechtschreibung
© by Brigg Pädagogik Verlag GmbH, Augsburg
Alle Rechte vorbehalten
Das Werk und seine Teile sind urheberrechtlich geschützt. Jede Nutzung in anderen als den gesetzlich
zugelassenen Fällen bedarf der vorherigen schriftlichen Einwilligung des Verlages. Hinweis zu §52a UrhG:
Weder das Werk noch seine Teile dürfen ohne eine solche Einwilligung eingescannt und in ein Netzwerk
eingestellt werden. Dies gilt auch für Intranets von Schulen und sonstigen Bildungseinrichtungen.
Originalausgabe: © BLAKE PUBLISHING This Edition is for sale in the German language only.

ISBN 978-3-87101-450-5   www.brigg-paedagogik.de

Inhalt

Inhalt 3

Vorwort 4

Kapitel 1: Zahlen bis 20 5
    Lerneinheit 1: Ordnen und Zählen bis 10 6
    Lerneinheit 2: Ordnen und Zählen bis 20 15
    Lösungen 23

Kapitel 2: Zahlen bis 100 30
    Lerneinheit 1: Ordnen und Zählen bis 100 31
    Lerneinheit 2: Zählen in Schritten 40
    Lösungen 48

Kapitel 3: Zahlen bis 1000 56
    Lerneinheit 1: Ordnen, Schätzen und Zählen bis 1000 57
    Lerneinheit 2: Zahlenmuster 66
    Lösungen 74

Kapitel 4: Schätzen 81
    Lerneinheit 1: Schätzen, Zählen, Messen und Vergleichen .. 82
    Lösungen 90

Kapitel 5: Bruchteile 93
    Lerneinheit 1: Mengen und Teile 94
    Lerneinheit 2: Hälften, Viertel und Drittel 103
    Lösungen 111

Kapitel 6: Muster und Folgen 119
    Lerneinheit 1: Muster vergleichen und fortsetzen 120
    Lerneinheit 2: Muster fortsetzen und entwerfen 129
    Lösungen 137

Urkunden 144

Vorwort

„Mathe lernen" ist eine zwölfbändige Mathebuchreihe aus Australien, die dort mit großem Erfolg im Unterricht eingesetzt wird.

In jedem Buch werden Kopiervorlagen für verschiedene Themenbereiche der Mathematik angeboten, in verschiedenen Schwierigkeitsniveaus je nach Alter und Leistungsstand der Schüler.

Das vorliegende Buch behandelt sechs Themenbereiche: Zahlen bis 20, Zahlen bis 100, Zahlen bis 1000, Schätzen, Bruchteile und Muster und Folgen. Jeder Themenbereich wird kurz erläutert und in ein bis zwei Lerneinheiten vertieft. Jeder Lerneinheit wird eine Erklärungsseite vorangestellt. Hier werden Lernziele genannt, jedes Arbeitsblatt kurz beschrieben und Ideen für weiterführende Übungen ohne Buch vorgestellt.

Die sechs spielerisch und abwechslungsreich gestalteten Arbeitsblätter eignen sich besonders gut für die Freiarbeit oder Differenzierung im Unterricht, da zu jedem Arbeitsblatt auch eine Lösungsseite vorhanden ist. Zusätzlich findet sich am Ende jeder Lerneinheit eine Lernzielkontrolle sowie ein Spiel bzw. eine vertiefende Übung. Bei einigen Lerneinheiten werden die Schüler an die Arbeit mit dem Taschenrechner herangeführt.

ZAHLEN BIS 20

Die erste Lerneinheit behandelt die Zahlen von 0 bis 10, die zweite die Zahlen bis einschließlich 20.

In verschiedenen Übungen, wie dem Bilden von Mengen bestimmter Anzahl, dem Zuordnen von Mengen zur passenden Zahl und dem Anordnen der Größen von null bis zehn, zeigen die Schülerinnen und Schüler, dass sie die Bedeutung der Zahlen verstanden haben.

Zeichnen von Mengen, Einordnen von Zahlen, Rückwärtszählen und der Umgang mit Ordnungszahlen sind weitere Übungen, die das Erlernte festigen.

Zu den erworbenen Fähigkeiten gehören das Lesen und Schreiben von Zahlen sowohl in Buchstaben wie in Ziffern.

Jede Lerneinheit enthält einen Test und die erste noch das Spiel „Hasenwettlauf" für einen zehnseitigen Würfel.

ZAHLEN BIS 20

Lerneinheit 1
Zählen bis 10
Mengen
Ordnen

Lernziele

Die Schülerinnen und Schüler

- verstehen die Bedeutung der Zahlen 0 bis 10.
- bilden Mengen aus bis zu zehn Elementen.
- bilden Mengen einer gegebenen Mächtigkeit.
- nennen die Zahlwörter in der richtigen Reihenfolge.
- ordnen mehrere Mengen nach ihrer Mächtigkeit an.
- kennen die Zahlennamen null bis zehn.
- ordnen Zahlen der passenden Menge zu.
- befolgen einfache Anleitungen.
- zählen von jeder Zahl aus vorwärts bis zehn.

Arbeitsblätter

1 **Zahlen zuordnen** – Zahlen mit passenden Mengen verbinden

2 **Mengen bilden** – eine vorgegebene Anzahl von Symbolen in eine Menge zeichnen

3 **Mengen und Zahlen** – die passende Anzahl von Symbolen zeichnen; die richtige Zahl einkreisen

4 **Segelboote** – zum Zahlennamen passende Anzahl von Dingen zeichnen

5 **Auf der Weide** – ein Bild betrachten, Dinge zählen, Anweisungen befolgen

6 **Mengen ordnen** – die Elemente jeder Menge zählen; Mengen nach Anzahl der Elemente – null bis zehn – anordnen; unter jede Menge die richtige Zahl schreiben

   * Schere, Klebstoff

7 **Test**

8 **Spiel** – Hasenwettlauf

Weiterführende Übungen

- Alles zählen: Buntstifte in der Hand, Fenster im Raum, Bücher im Regal, Blumen in einer Vase, Legosteine auf dem Tisch, …
- Zahlenlieder singen.
- Domino und ähnliche Spiele.
- Kartenspiele zum Zuordnen gleicher Mengen, Zahlen zu Mengen, Zahlen zu Zahlen.
- Korrektes Schreiben der Ziffern durch Nachspuren und Kopieren üben.
- Gemeinsam große Modelle der Ziffern anfertigen und aufhängen.

Hinweis

- Den Schülerinnen und Schülern im Klassenraum Hilfsmittel wie z. B. Zahlentafeln zur Verfügung stellen.

ZAHLEN ZUORDNEN

Verbinde jede Zahl mit ihrem Bild.

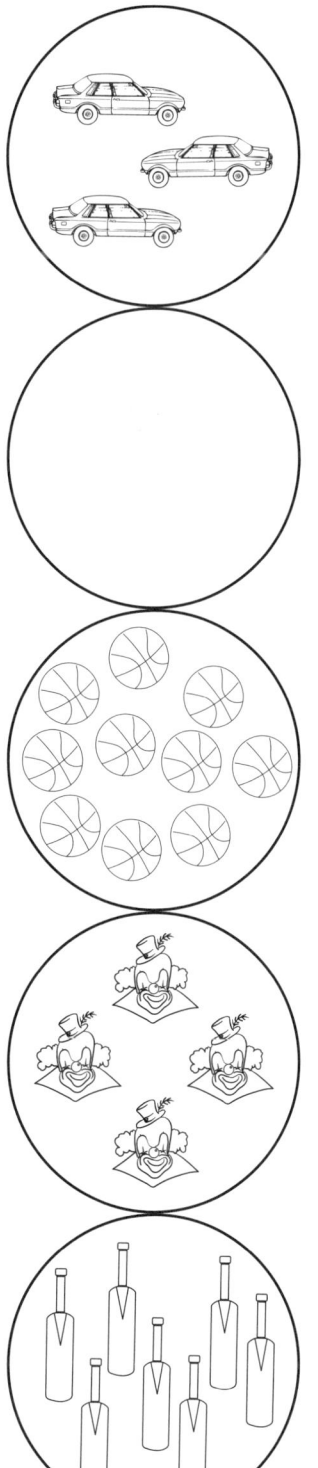

3
5
2
7
0
1
9
6
4
10
8

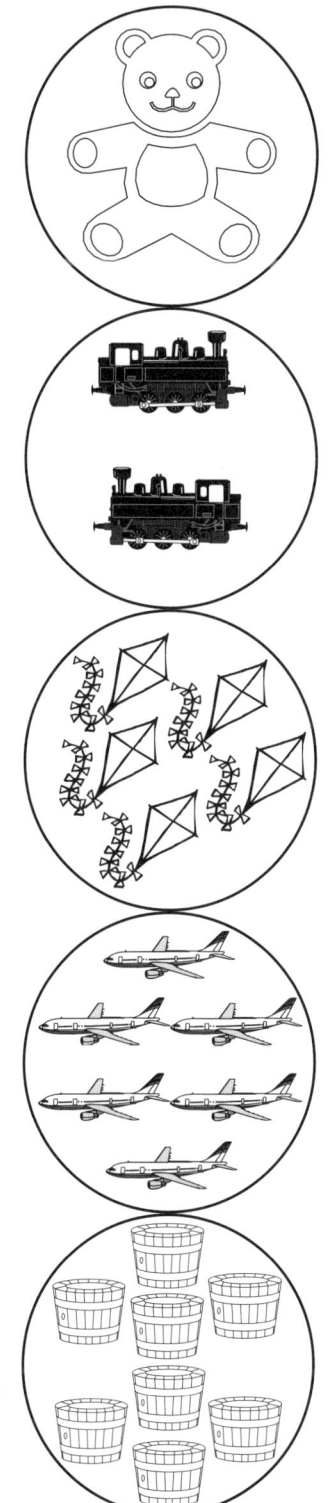

Name _____ Datum _____ Blatt 2

MENGEN BILDEN

Zeichne die passende Anzahl von Symbolen in jedes Kästchen.

| 4 🐟 | 7 ● | 10 ★ | 6 ■ |

| 1 🌳 | 2 ✋ | 9 ▲ | 0 👏 |

| 8 ~ | 3 ☀ | 5 * |

Name _____ Datum _____ Blatt 3

MENGEN UND ZAHLEN

1 Zeichne die richtige Anzahl von **Blumen** in jeden Garten.

2 Zeichne die richtige Anzahl von **Flecken** auf jeden Hund.

3 Zeichne die richtige Anzahl von **Sternen** an den Himmel.

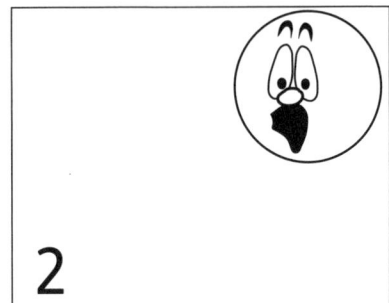  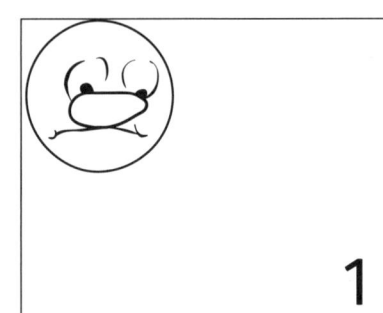

4 Kreise in jeder Zeile die richtige Zahl ein.

N. Bauer/J. Tertini/J. Fay: Mathe lernen • Best.-Nr. 450 © Brigg Pädagogik Verlag GmbH, Augsburg

Blatt 4

SEGELBOOTE

Zeichne die richtige Anzahl von Menschen auf jedes Boot und schreibe die Zahl daneben.

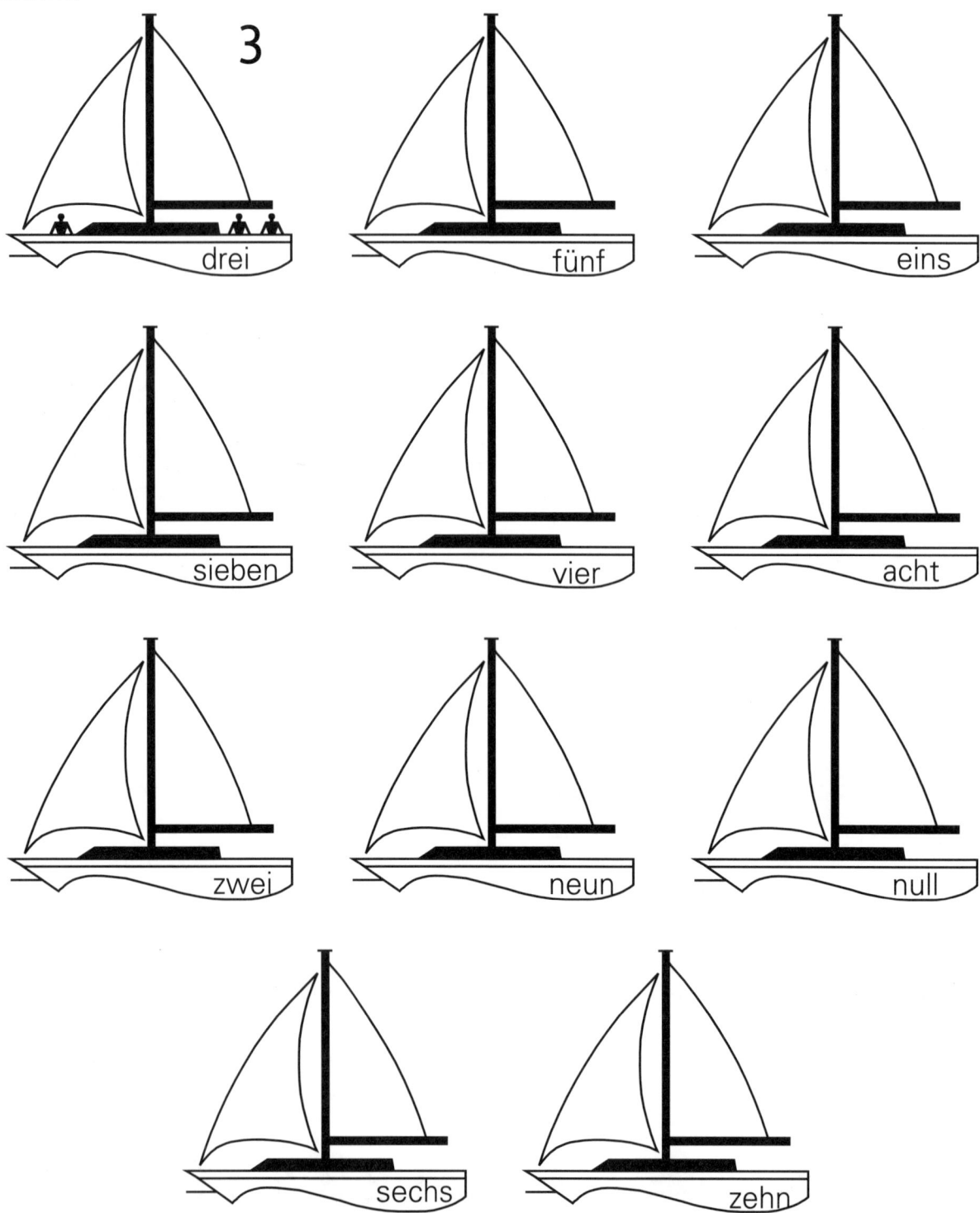

AUF DER WEIDE

Zähle genau und schreibe die passende Zahl in das Kästchen.

Schafe: ☐   Hunde: ☐

Kühe: ☐   Pferde: ☐

Menschen: ☐   Stiere: ☐

Male 8 Vögel in den Himmel.

Name _____ Datum _____ Blatt 6

MENGEN ORDNEN

Schneide die Kästchen aus. Ordne sie von der kleinsten zur größten Menge und klebe sie auf ein Blatt. Schreibe unter jede Menge die passende Zahl.

N. Bauer / J. Tertini / J. Fay: Mathe lernen • Best.-Nr. 450 © Brigg Pädagogik Verlag GmbH, Augsburg

Name _____ Datum _____ Blatt 7

TEST: ZAHLEN BIS 10

1 Verbinde die Kästchen mit den passenden Zahlen.

 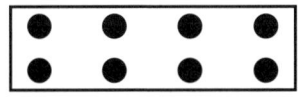  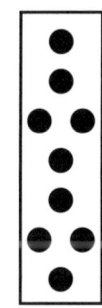

5 6 7 8 9 10

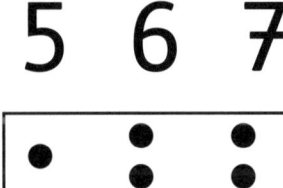 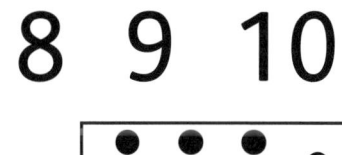

2 Trage die fehlenden Zahlen ein.

| 6 __ 8 | 1 2 __ | 8 9 __ | __ 5 6 |

3 Verbinde die Punkte in der richtigen Reihenfolge.

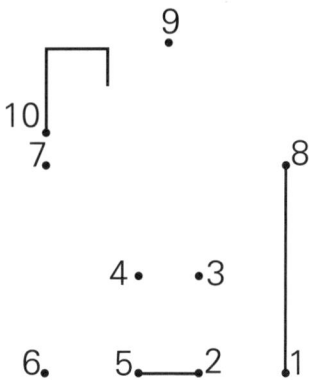

4 Verbinde jede Zahl mit dem passenden Wort.

zwei   eins   fünf   sieben   zehn

1   2   3   4   5   6   7   8   9   10

sechs   null   neun   vier   acht   drei

N. Bauer/J. Tertini/J. Fay: Mathe lernen • Best.-Nr. 450 © Brigg Pädagogik Verlag GmbH, Augsburg

SPIEL: HASENWETTLAUF

2–4 Mitspieler

Material
- ein Spielfeld für jeden Spieler
- ein 10-seitiger Kreisel oder Würfel mit den Zahlen 1–10
- 10 Spielsteine für jeden Spieler

Spielanleitung:
- Die Spieler würfeln reihum eine Zahl, sprechen sie jeweils laut aus und legen einen Spielstein auf den Hasen mit dieser Zahl. Wenn die Zahl schon belegt ist, setzt der Spieler einmal aus. Gewonnen hat, wer zuerst alle zehn Hasen belegt hat.

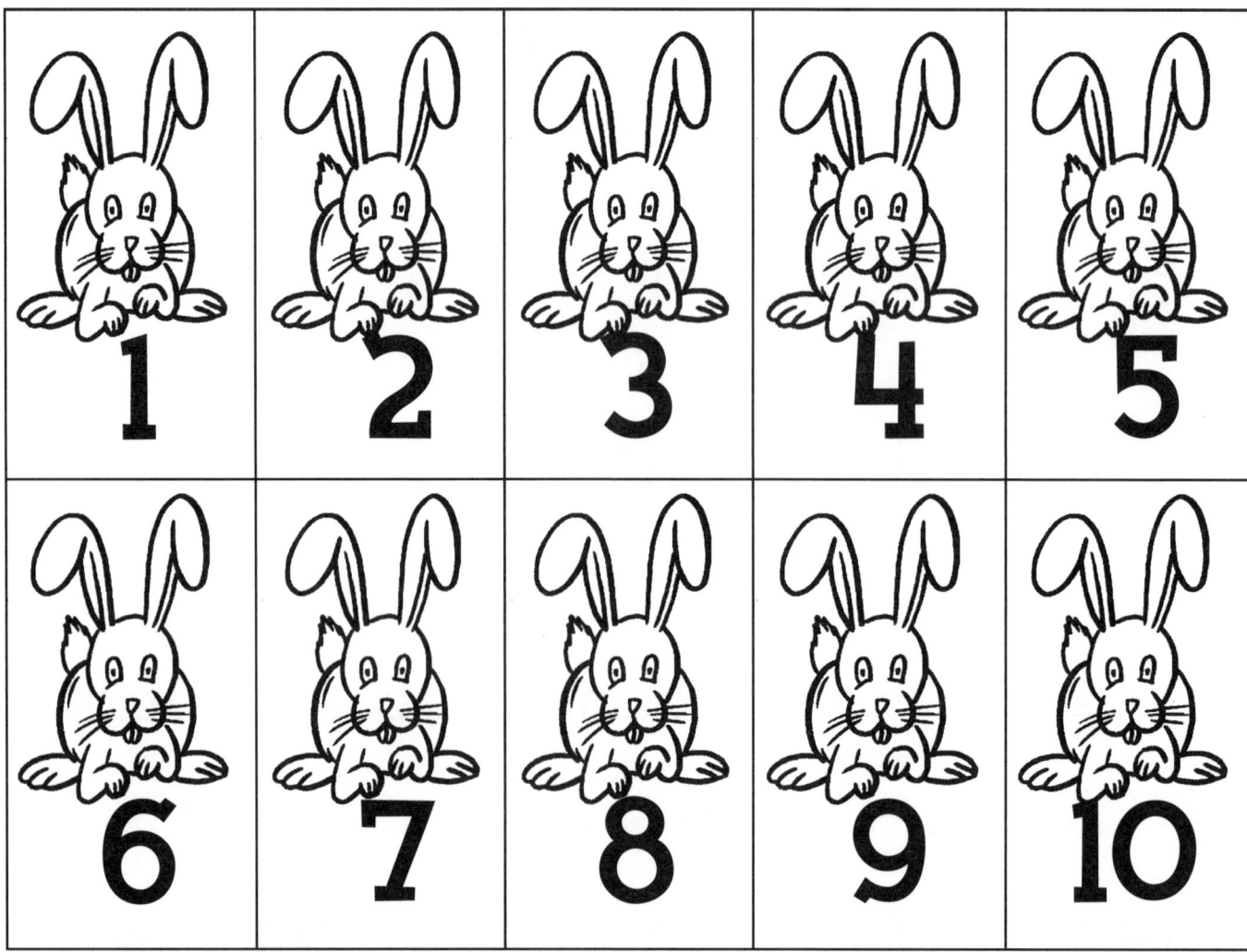

ZAHLEN BIS 20

Lerneinheit 2
Ordnungszahlen
Vor, nach, zwischen
Schätzen
Zählen in Zweierschritten

Lernziele

Die Schülerinnen und Schüler

- kennen und verstehen die Zahlen 0 – 20.

- zählen von 20 aus rückwärts.

- kennen die Ordnungszahlen und ihre Reihenfolge und benutzen die angemessenen mathematischen Begriffe.

- erkennen die Namen der Ordnungszahlen von erste(r) bis zwanzigste(r).

- nennen die Zahlen bis 20 und ihre Namen in der richtigen Reihenfolge.

- zählen im Zahlenraum bis 20 von jeder Zahl aus vorwärts wie rückwärts.

- ordnen Mengen nach der Anzahl ihrer Elemente.

- benutzen die Begriffe gerade und ungerade.

Arbeitsblätter

1 **Ordnungszahlen** – Stelle erkennen; Ordnungszahl mit ihrem Namen verbinden; Anleitungen befolgen
* Buntstifte

2 **Ordnungszahlen** – Anleitungen befolgen; Begriffe benutzen
* Buntstifte

3 **Vor, nach, zwischen** – Zahlen an die richtige Stelle schreiben

4 **Schätzen** – schätzen und dann genau zählen; Ergebnisse mit Zählstrichen darstellen

5 **Zahlen bis 20** – vor- und rückwärts zählen; fehlende Zahlen eintragen

6 **Mengen ordnen** – in 2er-Schritten bis 20 zählen; Mengen nach Mächtigkeit ordnen; fehlende Zahlen eintragen; gerade und ungerade
* Schere, Klebstoff

7 **Test**

Weiterführende Übungen

- Laut im Bereich bis 20 zählen, vorwärts, rückwärts, in Zweier- und Fünferschritten. Alles Mögliche zählen, z. B. Buntstifte im Etui, Spielsteine, Korken, Steine usw.

- In Zeitschriften Bilder mit einer großen Anzahl von Häusern, Früchten oder Menschen suchen, ausschneiden und auf Papier kleben. Daraus einen Wettbewerb zwischen Schülergruppen machen: „Wer findet zuerst alle Zahlen von 11 bis 20?"

- Lieder über die Zahlen bis 20 singen. Lieder über die Zahlen bis 10 auf die Zahlen bis 20 erweitern.

- Die Anordnung der Zahlen und das Zählen an Schautafeln demonstrieren.

- Spiele wie Zahlen-Bingo usw. spielen; eigene Spiele erfinden.

- Korrektes Schreiben der Zahlen durch Nachzeichnen und Abschreiben üben.

Hinweis

- Den Schülerinnen und Schülern Hilfsmittel wie Zahlentafeln zur Verfügung stellen.

ORDNUNGSZAHLEN

1

Male das 1. Auto rot an.

Male das 2. Auto blau an.

Male das 3. Auto grün an.

Male das 4. Auto orange an.

Male das 5. Auto gelb an.

Male das 6. Auto braun an.

2 Verbinde jedes Wort mit der passenden Zahl.

fünfte   zweiter   sechstes   vierte   erster

9.   3.   8.   2.   5.   1.   4.   6.   10.   7.

drittes   neunte   achter   siebtes   zehnte

3 Bei einer Tierschau hat eine Katze den ersten Platz belegt, ein Hund den zweiten und eine Schlange den dritten Platz. Zeichne die Tiere auf ihrem Platz.

ORDNUNGSZAHLEN

1
a   Male die erste Schnecke rot an.
b   Male die vierte Schnecke blau an.
c   Male die neunte Schnecke violett an.
d   Gib der zweiten Schnecke braune Punkte.
e   Gib der sechsten Schnecke gelbe Streifen.
f   Gib der dritten Schnecke pinkfarbene Punkte.
g   Zeichne auf die achte Schnecke eine schwarze Zickzacklinie.
h   Male die fünfte Schnecke orange.
i   Gib der siebten Schnecke einen grauen Punkt.
j   Male die zehnte Schnecke grün.

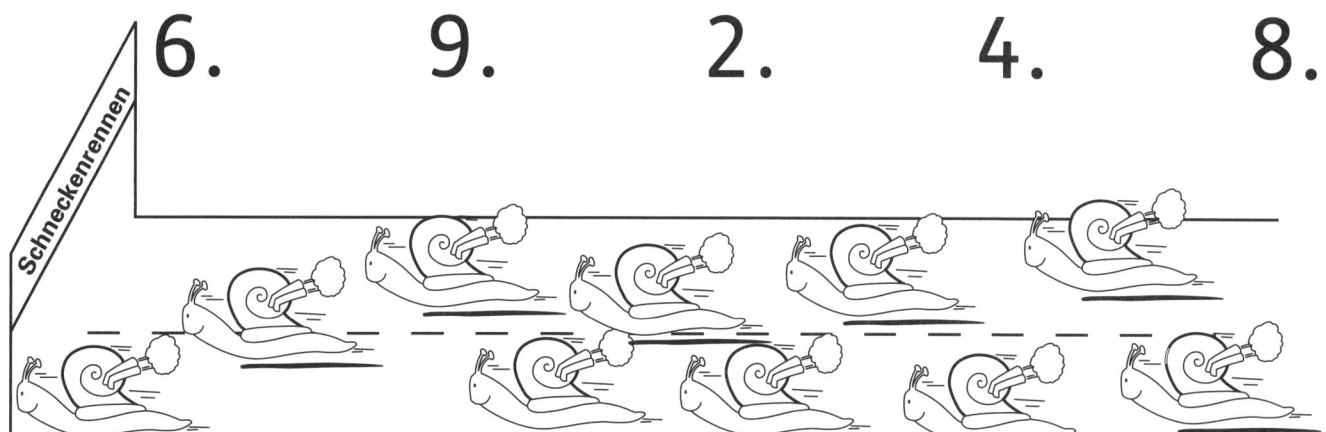

2 Verbinde jede Schnecke mit der passenden Zahl.

Name _____ Datum _____ Blatt 3

VOR, NACH, ZWISCHEN

1   Welche Zahl kommt **nach** der geschriebenen Zahl?

| 3 _ | 7 _ | 9 _ | 0 _ | 5 _ |

2   Welche Zahl gehört **vor** die geschriebene Zahl?

| _ 3 | _ 7 | _ 9 | _ 5 |

3   Welche Zahl gehört **zwischen** die geschriebenen Zahlen?

| 3 _ 5 | 8 _ 10 | 6 _ 8 | 4 _ 6 |

4   Steht die fette Zahl **vor, nach** oder **zwischen** den anderen?

| 4 **5** | 2 **3** 4 | **9** 10 | **7** 8 |

Name _____ Datum _____ Blatt 4

SCHÄTZEN

| eins || zwei ||| drei |||\ vier   卌 fünf

1 Wie viele Jungen sind in deiner Klasse?
Mache für jeden einen Strich. ☐   Ich schätze ☐

2 Wie viele Mädchen sind in deiner Klasse?
Mache für jedes einen Strich. ☐   Ich schätze ☐

3 Wie viele Fenster hat der Klassenraum?
Mache für jedes einen Strich. ☐   Ich schätze ☐

4 Wie viele Türen (mit Schranktüren) gibt es im Klassenraum?
Mache für jede einen Strich. ☐   Ich schätze ☐

5 Wie viele Buntstifte hast du?
Mache für jeden einen Strich. ☐   Ich schätze ☐

6 Wie viele Lehrerinnen gibt es an deiner Schule?
Mache für jede einen Strich. ☐   Ich schätze ☐

7 Schreibe die passenden Zahlen neben die Striche.

a 卌 卌 ||| ☐   b 卌 卌 || ☐

c 卌 卌 卌 | ☐   d 卌 卌 卌 ||| ☐

e 卌 卌 卌 卌 ☐   f 卌 卌 卌 || ☐

Name _____ **Datum** _____ Blatt 5

ZAHLEN BIS 20

1   Verbinde die Punkte von **1** bis **20** und dann die Punkte von 1 bis 9.

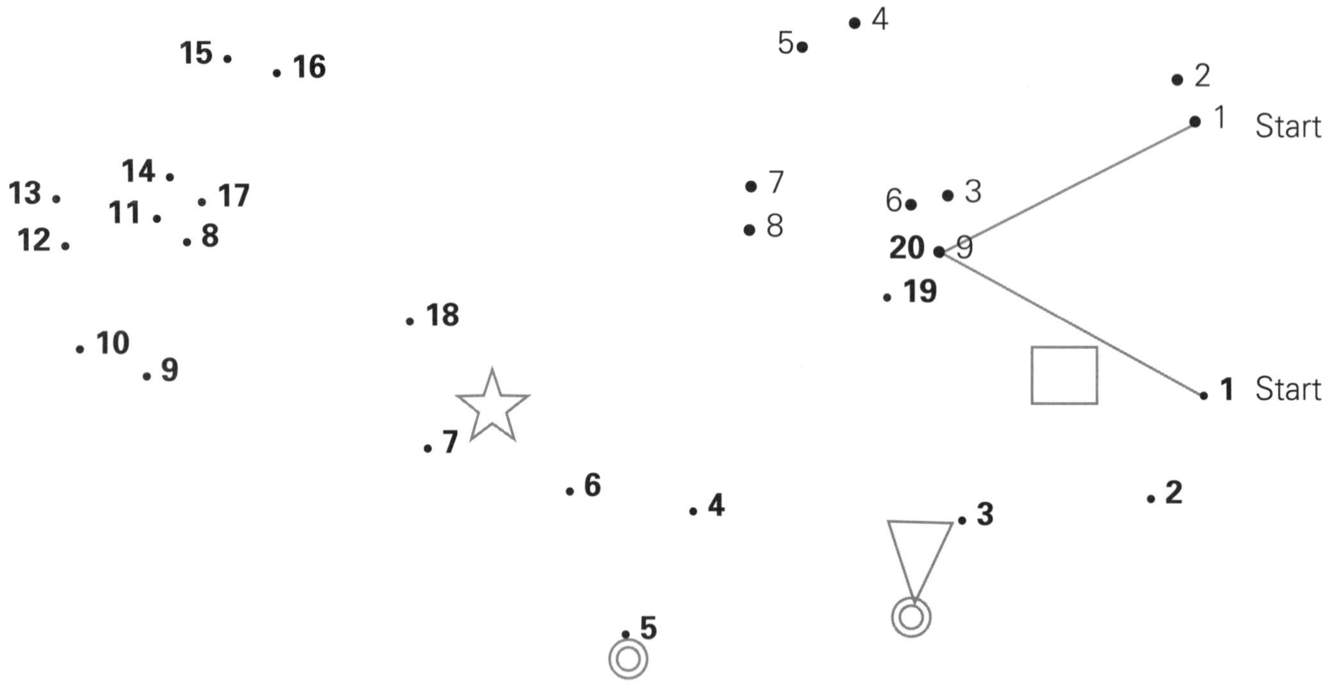

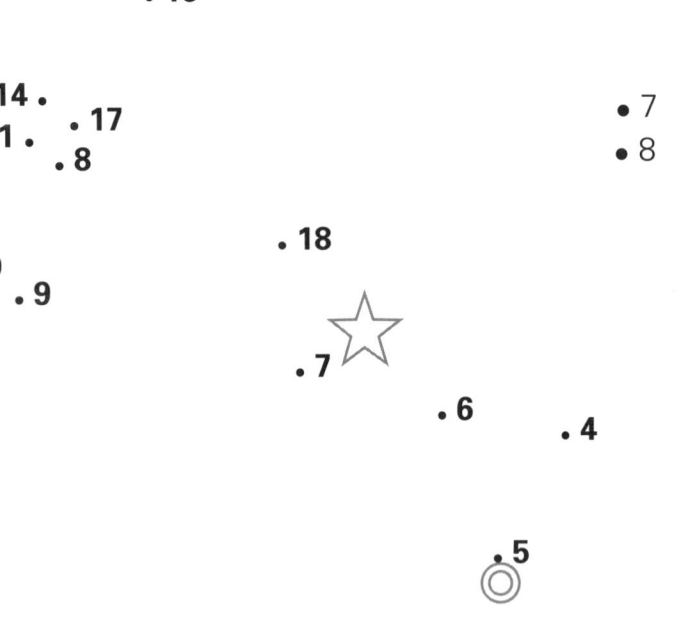

Ich bin ein _____ .

2   Zähle rückwärts und trage die fehlenden Zahlen ein.

20			17				12	
	9			6			3	

Name _____ Datum _____ Blatt 6

MENGEN ORDNEN

Schneide die einzelnen Mengen aus und klebe sie in der richtigen Reihenfolge, von der kleinsten bis zur größten Anzahl, auf.
Schreibe die Anzahl unter jede Menge. Die Zahlen sind alle **gerade**.
Schreibe die fehlenden Zahlen von der kleinsten bis zur größten auf. Sie sind **ungerade**.

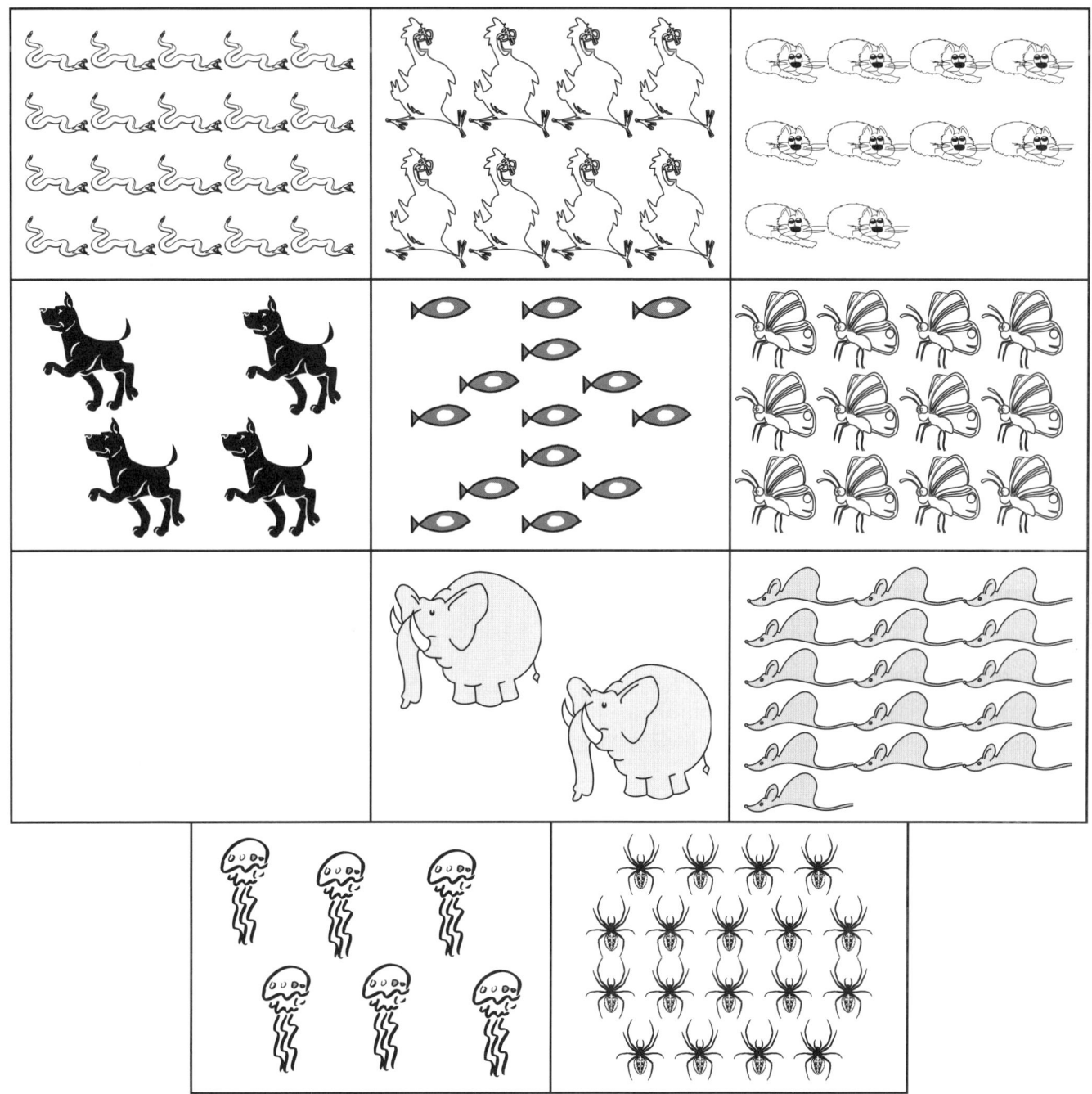

N. Bauer/J. Tertini/J. Fay: Mathe lernen • Best.-Nr. 450 © Brigg Pädagogik Verlag GmbH, Augsburg

Name _____ Datum _____ Blatt 7

TEST: ZAHLEN BIS 20

1 Wie viele Tiere zählst du?

2 Zeichne zwanzig Dreiecke in eine Reihe.

Male das fünfte grün, das 12. gelb, das Dreieck vor dem 16. rot und das nach dem 10. orange, mache violette Punkte in das siebzehnte und Streifen in das erste und das letzte.

3
> Welche Zahl gehört jeweils vor die geschriebene Zahl?
> ___ 14, ___ 19, ___ 11, ___ 17, ___ 20, ___ 13, ___ 15.
>
> Welche Zahl kommt jeweils nach der geschriebenen Zahl?
> 17 ___, 11 ___, 14 ___, 10 ___, 12 ___, 18 ___, 15 ___.
>
> Welche Zahl gehört jeweils zwischen die geschriebenen Zahlen?
> 15 ___ 17, 12 ___ 14, 18 ___ 20, 13 ___ 15, 17 ___ 19,

4 Mache Zählstriche für folgende Zahlen.

12 [   ]   9 [   ]   5 [   ]   16 [   ]

5
a 𝍷𝍷𝍷𝍷𝍷 ||| = [ ]   b 𝍷𝍷𝍷𝍷𝍷 𝍷𝍷𝍷𝍷𝍷 = [ ]

c 𝍷𝍷𝍷𝍷𝍷 𝍷𝍷𝍷𝍷𝍷 𝍷𝍷𝍷𝍷𝍷 | = [ ]   d 𝍷𝍷𝍷𝍷𝍷 𝍷𝍷𝍷𝍷𝍷 𝍷𝍷𝍷𝍷𝍷 𝍷𝍷𝍷𝍷𝍷 = [ ]

e 𝍷𝍷𝍷𝍷𝍷 𝍷𝍷𝍷𝍷𝍷 ||| = [ ]   f 𝍷𝍷𝍷𝍷𝍷 𝍷𝍷𝍷𝍷𝍷 𝍷𝍷𝍷𝍷𝍷 |||| = [ ]

LÖSUNGEN

Blatt 2 — MENGEN BILDEN

Zeichne die passende Anzahl von Symbolen in jedes Kästchen.

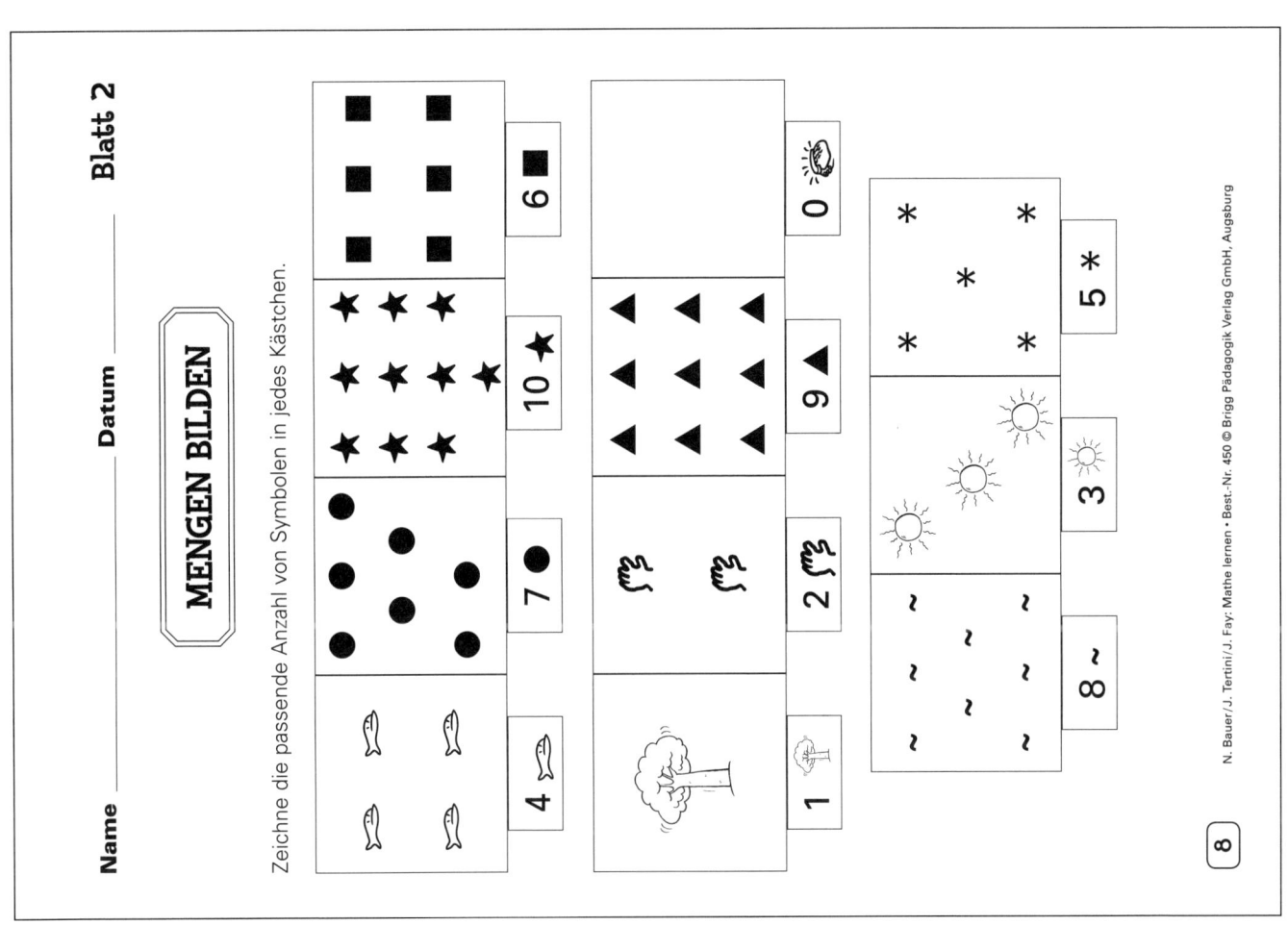

Blatt 1 — ZAHLEN ZUORDNEN

Verbinde jede Zahl mit ihrem Bild.

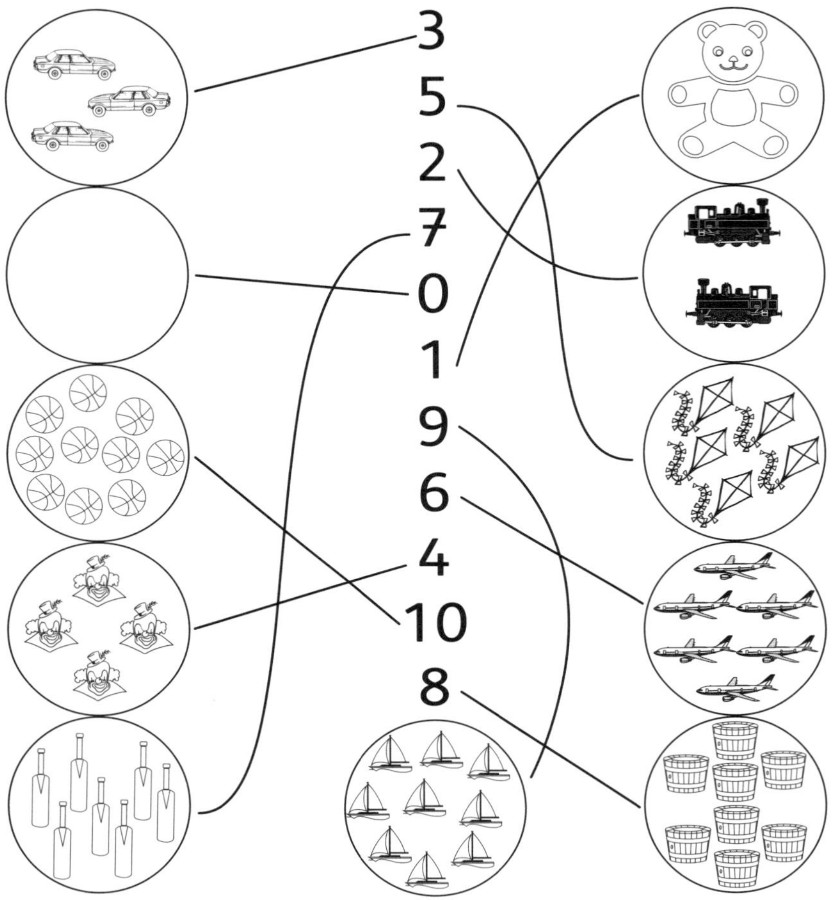

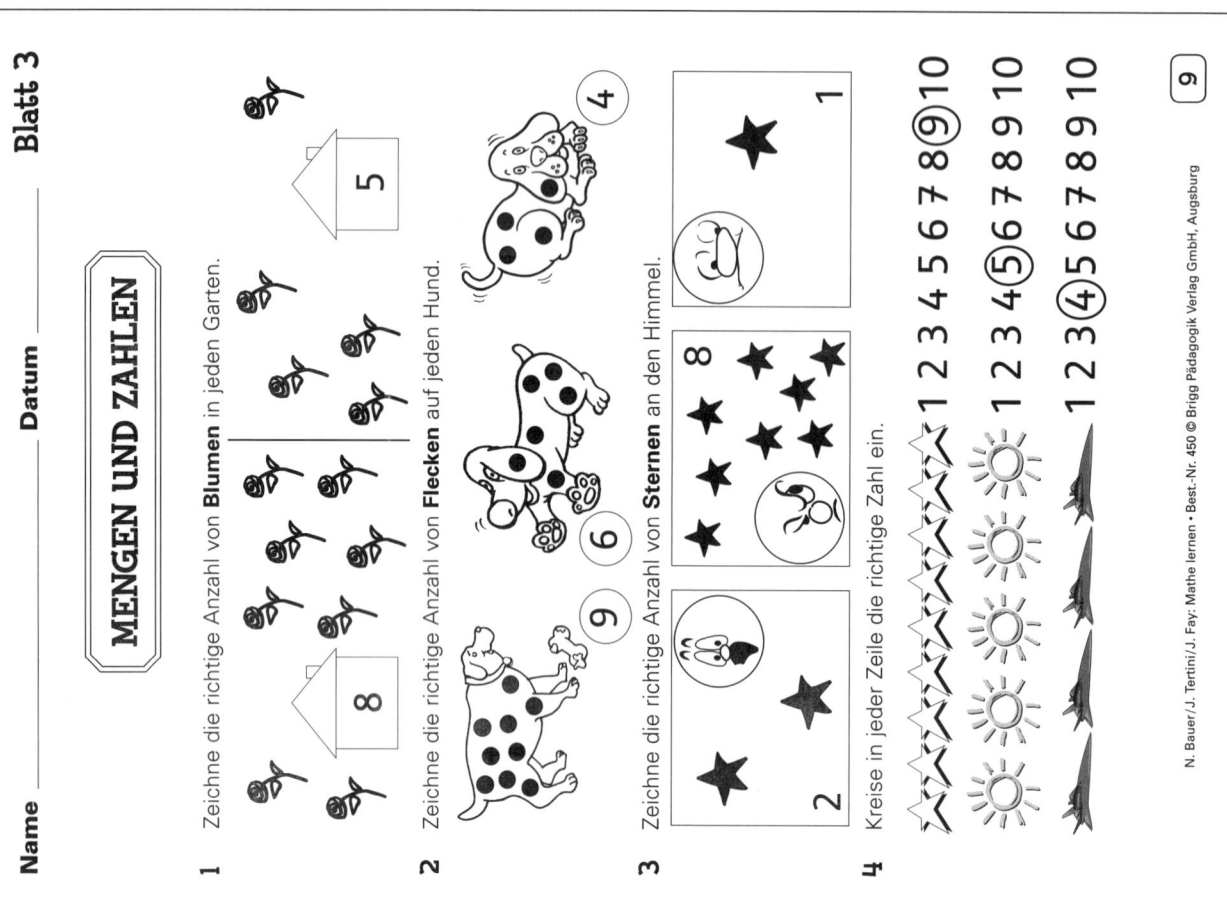

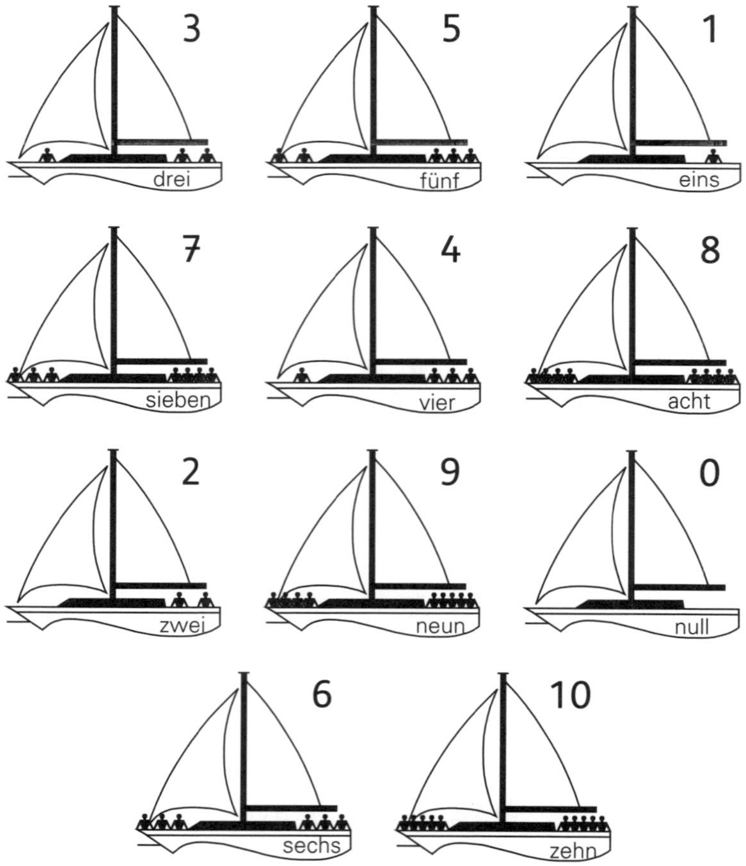

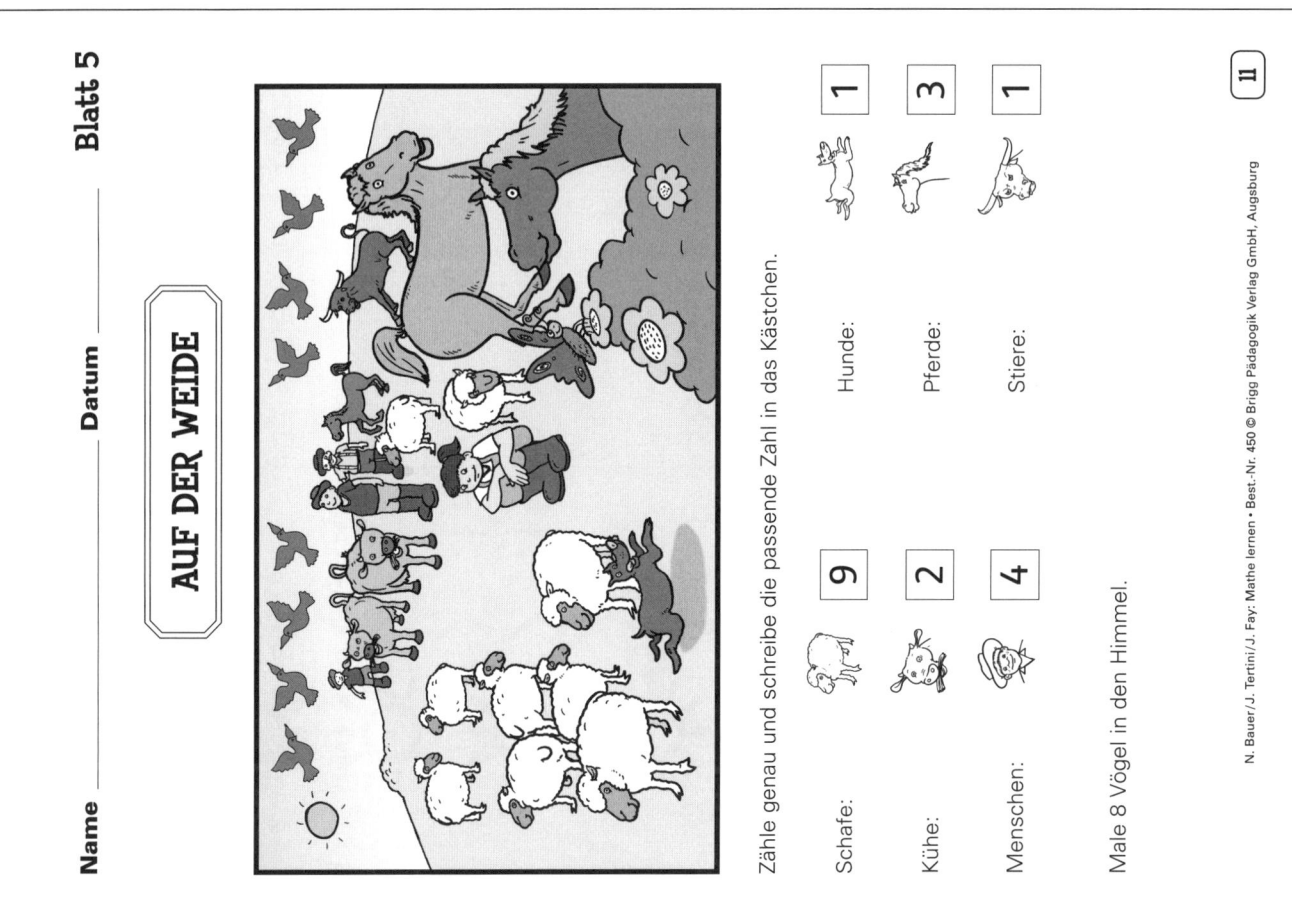

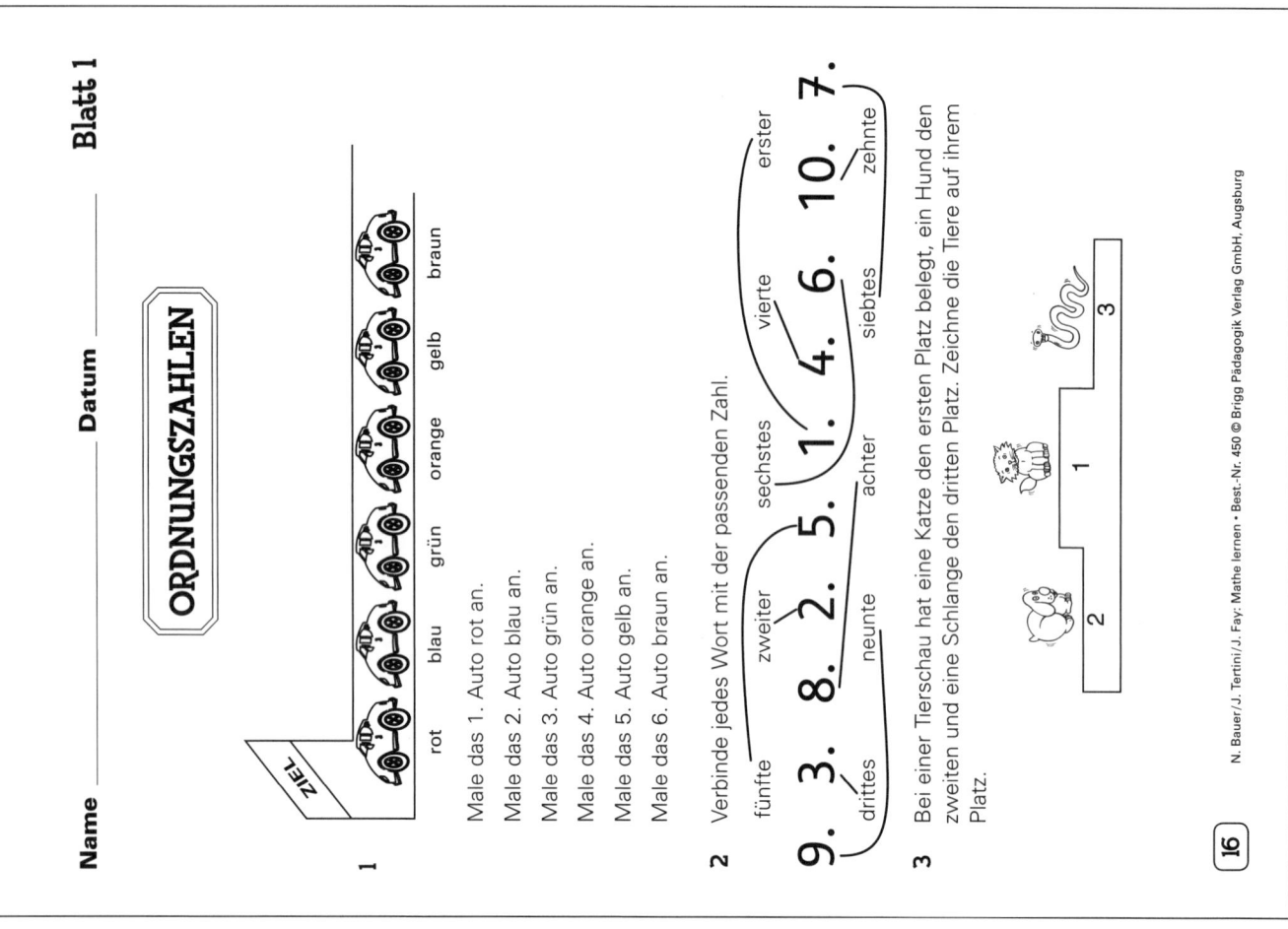

LÖSUNGEN

Name _____ Datum _____ Blatt 3

VOR, NACH, ZWISCHEN

1 Welche Zahl kommt **nach** der geschriebenen Zahl?

| 3 4 | 7 8 | 9 10 | 0 1 | 5 6 |

2 Welche Zahl gehört **vor** die geschriebene Zahl?

| 2 3 | 6 7 | 8 9 | 4 5 |

3 Welche Zahl gehört **zwischen** die geschriebenen Zahlen?

| 3 4 5 | 8 9 10 | 6 7 8 | 4 5 6 |

4 Steht die fette Zahl **vor**, **nach** oder **zwischen** den anderen?

| 4 5 | 2 3 4 | 9 10 | 7 8 |
| nach | zwischen | vor | nach |

18

Name _____ Datum _____ Blatt 2

ORDNUNGSZAHLEN

1
a Male die erste Schnecke rot an.
b Male die vierte Schnecke blau an.
c Male die neunte Schnecke violett an.
d Gib der zweiten Schnecke braune Punkte.
e Gib der sechsten Schnecke gelbe Streifen.
f Gib der dritten Schnecke pinkfarbene Punkte.
g Zeichne auf die achte Schnecke eine schwarze Zickzacklinie.
h Male die fünfte Schnecke orange.
i Gib der siebten Schnecke einen grauen Punkt.
j Male die zehnte Schnecke grün.

2 Verbinde jede Schnecke mit der passenden Zahl.

17

N. Bauer/J. Tertini/J. Fay: Mathe lernen • Best.-Nr. 450 © Brigg Pädagogik Verlag GmbH, Augsburg

LÖSUNGEN

Blatt 5

ZAHLEN BIS 20

1 Verbinde die Punkte von **1** bis **20** und dann die Punkte von **1** bis **9**.

Ich bin ein ___Hubschrauber___

2 Zähle rückwärts und trage die fehlenden Zahlen ein.

20	19	18	17	16	15	14	13	12	11
10	9	8	7	6	5	4	3	2	1

Blatt 4

SCHÄTZEN

| eins || zwei ||| drei |||| vier ||||| fünf

1 Wie viele Jungen sind in deiner Klasse?
Mache für jeden einen Strich.
Ich schätze ☐

2 Wie viele Mädchen sind in deiner Klasse?
Mache für jedes einen Strich.
Ich schätze ☐

3 Wie viele Fenster hat der Klassenraum?
Mache für jedes einen Strich.
Ich schätze ☐

4 Wie viele Türen (mit Schranktüren) gibt es im Klassenraum?
Mache für jede einen Strich.
Ich schätze ☐

5 Wie viele Buntstifte hast du?
Mache für jeden einen Strich.
Ich schätze ☐

6 Wie viele Lehrerinnen gibt es an deiner Schule?
Mache für jede einen Strich.
Ich schätze ☐

7 Schreibe die passenden Zahlen neben die Striche.

a ||||| ||||| ||| `13`   b ||||| ||||| || `12`

c ||||| ||||| | `16`   d ||||| ||||| ||||| ||| `18`

e ||||| ||||| ||||| ||||| `20`   f ||||| ||||| ||||| || `17`

LÖSUNGEN

Blatt 7

TEST: ZAHLEN BIS 20

1 Wie viele Tiere zählst du? = 15 = 9

2 Zeichne zwanzig Dreiecke in eine Reihe.

Male das fünfte grün, das 12. gelb, das Dreieck vor dem 16. rot und das nach dem 10. orange, mache violette Punkte in das siebzehnte und Streifen in das erste und das letzte.

3 Welche Zahl gehört jeweils vor die geschriebene Zahl?
13 14, **18** 19, **10** 11, **16** 17, **19** 20, **12** 13, **14** 15.

Welche Zahl kommt jeweils nach der geschriebenen Zahl?
17 **18**, 11 **12**, 14 **15**, 10 **11**, 12 **13**, 18 **19**, 15 **16**.

Welche Zahl gehört jeweils zwischen die geschriebenen Zahlen?
15 **16** 17, 12 **13** 14, 18 **19** 20, 13 **14** 15, 17 **18** 19,

4 Mache Zählstriche für folgende Zahlen.

12 |||| |||| || 9 |||| |||| 5 |||| 16 |||| |||| |||| |

5
a |||| ||| = 8
b |||| |||| = 10
c |||| |||| | = 16
d |||| |||| |||| |||| = 20
e |||| ||| = 13
f |||| |||| |||| ||| = 19

Blatt 6

MENGEN ORDNEN

Schneide die einzelnen Mengen aus und klebe sie in der richtigen Reihenfolge, von der kleinsten bis zur größten Anzahl, auf.
Schreibe die Anzahl unter jede Menge. Die Zahlen sind alle **gerade.**
Schreibe die fehlenden Zahlen von der kleinsten bis zur größten auf. Sie sind **ungerade.**

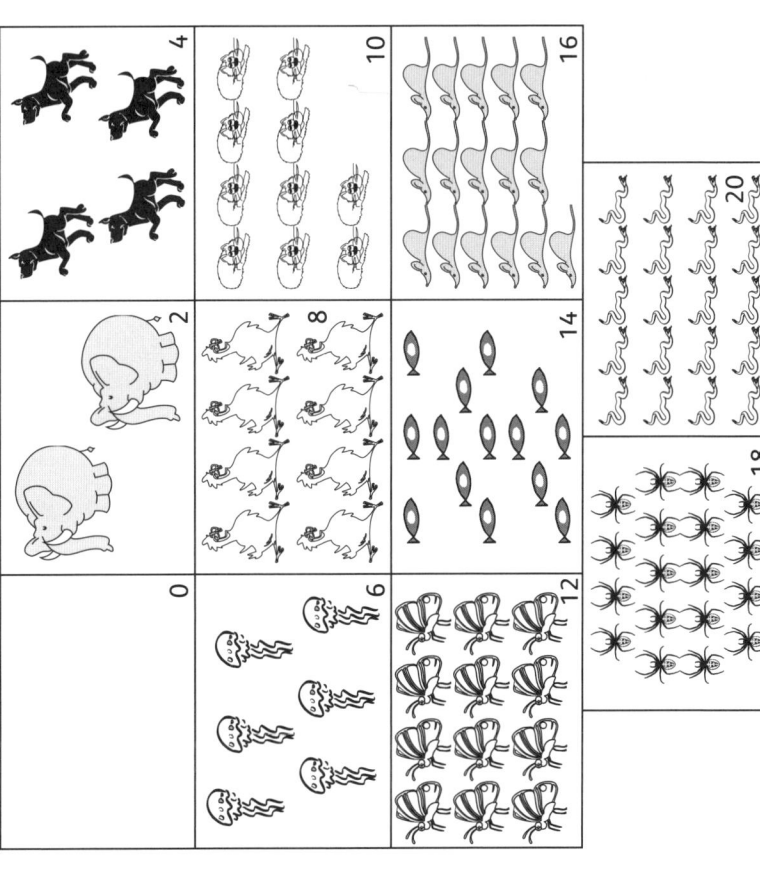

ZAHLEN BIS 100

Diese beiden Lerneinheiten behandeln den Zahlenraum bis 100. Geübt werden Fähigkeiten wie das Erkennen und Ergänzen von Mustern, das Vorwärts- und Rückwärtszählen, das Schreiben von Zahlen in Ziffern und Buchstaben sowie der Gebrauch des Taschenrechners für zweistellige Zahlen.

Das Zählen in Zweier-, Fünfer- und Zehnerschritten wird geübt. Zahlen in eine Hundertertafel eintragen, Zehner und Einer zeichnen, ein Punktbild vervollständigen und gleiche Zahlenwerte miteinander verbinden – alle diese Übungen vertiefen die Kenntnis der Zahlen bis 100 und den Umgang mit ihnen.

Auch mit dem Taschenrechner wird gearbeitet.

Zwei Testseiten und das Suchworträtsel dienen dazu, das Zahlenverständnis für größere Zahlen weiter zu fördern und zu überprüfen.

ZAHLEN BIS 100

LERNEINHEIT 1
Zahlen bis 20
Zahlen bis 100
Ordnen
Zahlen und
    Zahlwörter
Fehlende Zahlen

Lernziele

Die Schülerinnen und Schüler

- zählen vorwärts in den Zahlenräumen bis 20 und bis 100.

- lösen mathematische Aufgabenstellungen durch Zeichnen und mithilfe bildlicher Darstellung.

- zählen – ausgehend von einer beliebigen Zahl – vorwärts und rückwärts.

- zählen, ordnen und veranschaulichen zweistellige Zahlen und Mengen mit bis zu 100 Elementen.

- benennen und schreiben die Zahlen bis 100.

- beantworten mathematische Fragestellungen zeichnerisch.

Arbeitsblätter

1 **Zahlen von 11–19** – Bildern die passende Zahl zuordnen; Bilder zu Zahlenangaben zeichnen; Bilder entsprechend gegebener Zahlen anmalen
   * Buntstifte

2 **Zahlen von 11–20** – Zahlen schreiben; Zahlen ihren Namen zuordnen; vor- und rückwärts zählen

3 **Zahlen bis 20** – Punktbild; nach Zahlen anmalen
   * Buntstifte

4 **Zahlen bis 100** – fehlende Zahlen in eine Zahlentafel eintragen; Zahlen in Buchstaben schreiben; Zahlen in Ziffern schreiben

5 **Punktbild** – Punkte von 1 bis 100 verbinden
   * Buntstifte

6 **Zahlen von 20–99** – Zehner und Einer als Zahlen schreiben; Zahlennamen, Zahlen sowie Zehner und Einer verbinden; Zehner und Einer zeichnen

7 **Test**
   * Buntstifte

8 **Spiel** – Wörtersuche

Weiterführende Übungen

- Die Zahlen bis 20 so schnell wie möglich vorwärts oder rückwärts aufschreiben; die benötigte Zeit messen und unterbieten.

- Dieselbe Übung für die Zahlen bis 100 machen.

- Ein Punktbild für die Zahlen bis 20 oder 100 entwerfen und durch einen Partner vervollständigen lassen.

- Kleine Geschichten zu verschiedenen Zahlen zeichnen, schreiben, illustrieren und ausschmücken.

- Zahlen-Memory: Jede Karte enthält eine der Zahlen bis 20 oder 100 – entweder in Ziffern oder als Zahlwort.
Zu jeder Zahl die beiden Darstellungen (Ziffern und Zahlwort) finden.
Wer die meisten Kartenpaare aufdeckt, gewinnt.

- Partnerspiel: Einer denkt sich eine Zahl zwischen 0 und 20 bzw. 100 und beantwortet das Raten des Partners mit „größer" und „kleiner" (Achtung: vorher Vergleichsrichtung festlegen!), bis die richtige Zahl getroffen wird. Wer die wenigsten Schritte benötigt, gewinnt. Falls erforderlich, eine Hundertertafel benutzen.

- Dreidimensionale Zahlen aus Klötzen, Knetmasse und anderen Materialien formen.

- Verschiedene Zahlen zeichnen und malen.

Hinweis

- Festlegung der Stellenwerte für Ziffern von rechts nach links erklären, also Einer, Zehner, Hunderter.

- Bei jeder sich bietenden Gelegenheit die Hundertertafel benutzen.

ZAHLEN VON 11-19

1 Zähle genau.

a _____

b _____

c _____

d _____

2 Zeichne:
   a 13 Bäume

   b 18 Sonnen

   c 15 Hüte

3 Male an:
   a elf Luftballons

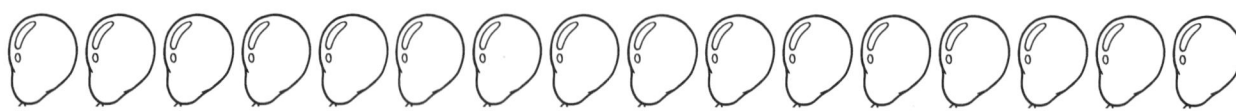

   b vierzehn Kerzen

4 Zeichne auf die Rückseite:
   a neunzehn Menschen   b 16 Monde   c 20 Boote

Name _____ Datum _____ Blatt 2

ZAHLEN VON 11-20

1 Schreibe die Zahlen.
Beispiel: zehn plus sieben   17

  a zehn plus zehn ____   b zehn plus eins   ____
  c zehn plus drei ____   d zehn plus neun   ____
  e zehn plus fünf ____   f zehn plus acht   ____

2 Verbinde!

          17
zehn plus neun   16   zwanzig
          14
siebzehn   11   zehn plus eins
          19
vierzehn   20   zwölf
          12
achtzehn   18   zehn plus sechs

3 Ergänze.
Beispiel: 10, 11, _12_, _13_, 14, 15

  a 11, 12, ____, ____, 15, 16   b ____, 14, 15, ____, 17, ____
  c ____, 15, 16, ____, ____, 19   d 12, ____, ____, 15, ____, ____

4 Ergänze die Zahlenreihen.

a
20			18		16	15

b
18	17			15		

c
	15	14				11

d
17					13	12

Blatt 3

ZAHLEN BIS 20

1 Vervollständige das Punktbild und male es aus.

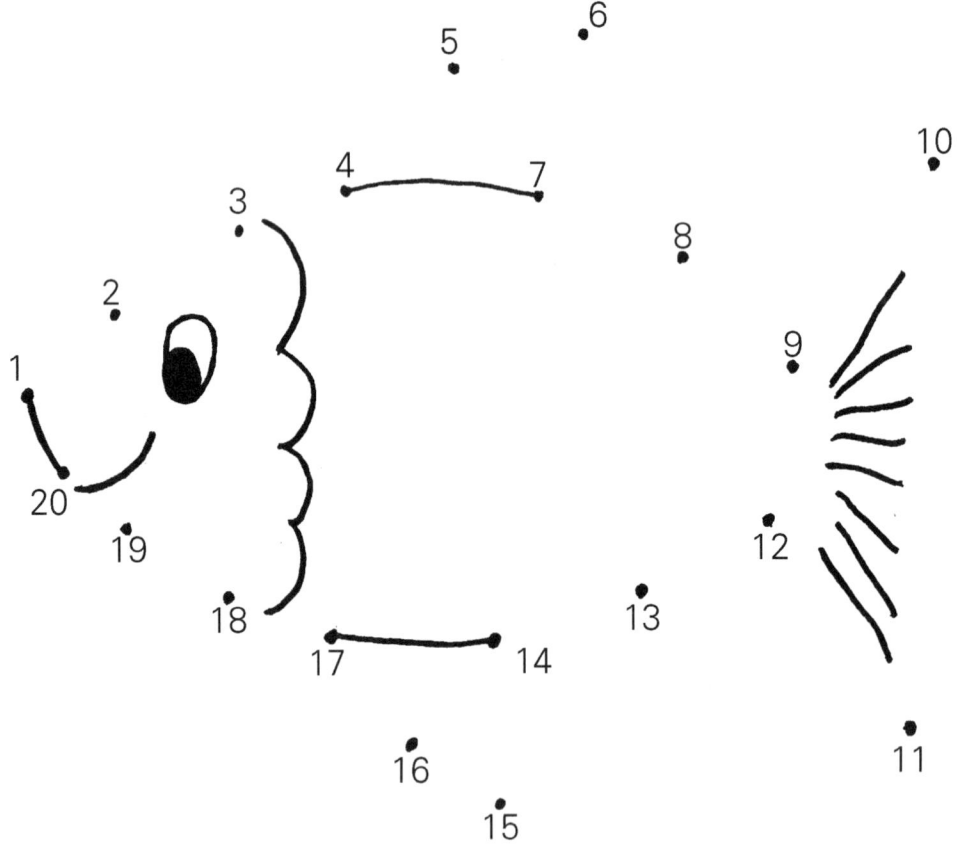

2 Male die Flächen in der richtigen Farbe aus.

elf – gelb
vierzehn – dunkelblau
fünfzehn – rot
siebzehn – dunkelgrün
achtzehn – orange
zwanzig – hellgrün

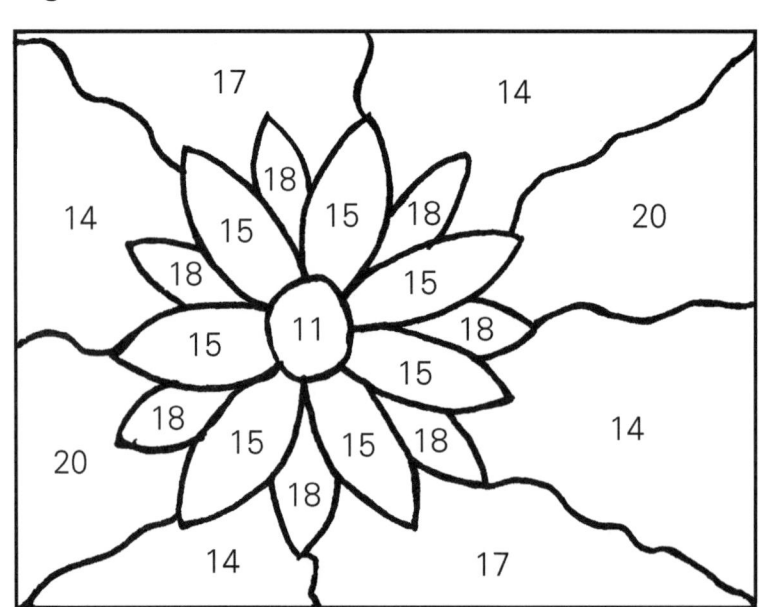

Name _____ **Datum** _____ Blatt 4

ZAHLEN BIS 100

1 Trage die fehlenden Zahlen ein.

1	2			5		7			10
		13			16			19	
21			24				28		30
	32	33				37			
41				45	46			49	
			54				58		60
	62					67			
71		73			76			79	
				85					90
			94				98		

2 Schreibe die Zahlen in Buchstaben.

a 23 _____ **b** 40 _____

c 65 _____ **d** 31 _____

e 72 _____ **f** 59 _____

g 89 _____ **h** 44 _____

3 Schreibe die Zahlen in Ziffern.

a siebenundzwanzig _____ **b** vierzig _____

c dreiundneunzig _____ **d** fünfunddreißig _____

e achtundsiebzig _____ **f** sechsundsechzig _____

g einundfünfzig _____ **h** achtzig _____

Name _____ **Datum** _____ **Blatt 5**

PUNKTBILD

1 Vervollständige das Punktbild und male es aus.

ZAHLEN VON 20-99

1 Fülle aus.

Beispiele: **(i)** 2 Zehner = __20__   **(ii)** 3 Zehner und 6 Einer = __36__

a 5 Zehner = ____   **b** 4 Zehner und 3 Einer = ____

c 9 Zehner und 7 Einer = ____   **d** 8 Zehner und 0 Einer = ____

2 Verbinde passend. Eine Linie ist bereits eingezeichnet.

62	fünfundfünfzig	3 Zehner und 4 Einer
91	vierunddreißig	5 Zehner und 5 Einer
55	zweiundsechzig	4 Zehner und 4 Einer
44	einundneunzig	9 Zehner und 1 Einer
34	vierundvierzig	6 Zehner und 2 Einer

3 Trage die Anzahlen ein.

a ____ Zehner ____ Einer = ____

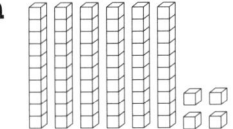

b ____ Zehner ____ Einer = ____

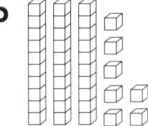

c ____ Zehner ____ Einer = ____

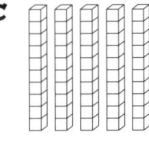

d ____ Zehner ____ Einer = ____

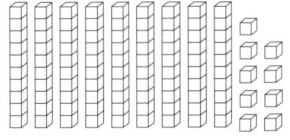

4 Zeichne auf die Rückseite:

     a 6 Zehner und 6 Einer   **b** 8 Zehner und 3 Einer

Name _____ Datum _____ Blatt 7

TEST: ZAHLEN BIS 100

1 **a** Zeichne 12 Schnecken.

   b Zeichne 17 Hüte.

2 Verbinde passend.

zehn und fünf	19	zwanzig
zehn und zwei	20	zwölf
zehn und neun	15	neunzehn
zehn und zehn	12	fünfzehn

3 Ergänze.

   a 13, ____, 15, ____, 17, ____   **b** ____, 18, ____, 16, ____, ____

   c 15, ____, ____, ____, 19, ____   **d** ____, 15, ____, ____, 12, ____

4 Schreibe jede Zahl als Wort.

   a 52 _____   **b** 74 _____

   c 28 _____   **d** 40 _____

5 Schreibe jede Zahl in Ziffern.

   a dreiundsiebzig _____   **b** neunundachtzig _____

   c einundvierzig _____   **d** sechzig _____

6 Male aus und trage die Zahlen ein.

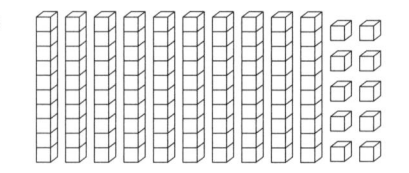

   a 5 Zehner und 6 Einer _____   **b** 8 Zehner und 2 Einer _____

Name _____ **Datum** _____ **Blatt 8**

SPIEL: WÖRTERSUCHE

N	E	B	E	I	S	V	G	A	V	V	G	N	D
G	L	D	F	I	T	I	I	I	O	I	T	H	N
I	F	N	N	S	Z	E	E	U	Z	E	H	E	E
Z	Ü	I	B	N	T	R	R	B	A	R	C	Z	U
F	N	E	A	H	D	Z	E	S	S	Z	A	N	N
N	F	W	C	E	G	I	Z	N	U	E	N	U	H
Ü	Z	Z	H	Z	S	G	K	I	T	H	H	E	E
F	E	W	T	I	I	O	Z	E	H	N	N	N	Z
L	H	Ö	Z	E	F	A	T	R	E	D	N	U	H
L	N	L	I	R	K	G	I	Z	H	C	E	S	C
U	T	F	G	D	R	E	I	S	S	I	G	O	E
N	H	E	Z	T	H	C	A	R	S	E	C	H	S

Diese Wörter treten in dem oben abgebildeten Puzzle auf, horizontal, vertikal oder diagonal und jeweils vorwärts oder rückwärts. Kreise die Wörter ein, die du findest. Manche Wörter haben Buchstaben gemeinsam, aber nicht ein ganzes Wort.

NULL	SECHS	ZWÖLF	ACHTZEHN	SECHZIG
EINS	SIEBEN	DREIZEHN	NEUNZEHN	SIEBZIG
ZWEI	ACHT	VIERZEHN	ZWANZIG	ACHTZIG
DREI	NEUN	FÜNFZEHN	DREISSIG	NEUNZIG
VIER	ZEHN	SECHZEHN	VIERZIG	HUNDERT
FÜNF	ELF	SIEBZEHN	FÜNFZIG	

ZAHLEN BIS 100

LERNEINHEIT 2
Zählen in 10er-Schritten
Zählen in 2er-Schritten
Zählen in 5er-Schritten
Taschenrechner
Vorwärts und rückwärts

Lernziele

Die Schülerinnen und Schüler

- bilden und üben Regeln für Zahlensätze.

- zählen – ausgehend von einer beliebigen Zahl – in 1er-, 2er-, 5er- und 10er-Schritten vorwärts wie rückwärts im Zahlenraum bis 100.

- ordnen natürliche Zahlen durch Vorwärts- und Rückwärtszählen an.

- schätzen und rechnen im Kopf, einschließlich des Addierens und Subtrahierens von 10.

- erkennen Muster in Zeilen und Spalten einer Hundertertafel.

- benutzen einen Taschenrechner und entdecken dabei mathematische Grundprinzipien.

- erkennen, vervollständigen und erfinden Muster aus natürlichen Zahlen.

Arbeitsblätter

1 **Folgen** – Zählen in 1er-, 2er- und 5er-Schritten vorwärts wie rückwärts; Streichen einer Zahl, die nicht dazugehört; Zahlen durch Zählen in 5er- und 2er-Schritten verbinden; eigene Aufgaben erfinden

2 **Zehner-Schritte** – natürliche Zahlen benutzen; vorwärts und rückwärts zählen

3 **Zweier-Schritte** – Zahlenraster ausfüllen und Fragen beantworten; vorwärts und rückwärts zählen
* Buntstifte

4 **Fünfer-Schritte** – vorwärts und rückwärts zählen; Zahlentafel ergänzen; Fragen dazu beantworten; eigene Muster erfinden
* Buntstifte

5 **Taschenrechner-Übungen** – Zahlen addieren; Zahlen addieren und subtrahieren; eigene Taschenrechner-Aufgaben bilden
* Taschenrechner

6 **Zehner-Schritte** – unterschiedliche Startzahlen benutzen; vorwärts und rückwärts zählen; Zahlenlinien ergänzen; eigene Aufgaben mit Zahlenlinien bilden

7 **Test**
* Taschenrechner

Weiterführende Übungen

- Die Zahlen bis 100 so schnell wie möglich vorwärts oder rückwärts aufschreiben; die benötigte Zeit messen und unterbieten.

- Kleine Geschichten zu verschiedenen Zahlen zeichnen, schreiben, illustrieren und ausschmücken.

- Partnerspiel: Einer denkt sich eine Zahl zwischen 0 und 100 und beantwortet das Raten des Partners mit „größer" und „kleiner" (Achtung: vorher Vergleichsrichtung festlegen!), bis die richtige Zahl getroffen wird. Wer die wenigsten Schritte benötigt, gewinnt. Falls erforderlich, eine Hundertertafel benutzen.

- Kleinere Wörter in „Aufzählen" und „Nummerieren" finden.

- Muster von Zahlen zeichnen.

- Aufzeigen und -zeichnen, wo in der Umgebung Zahlen benutzt werden.

Hinweis

- Das Wort „Nummerieren" erklären.

- Stellenwert von Ziffern ermitteln.

- Hundertertafel benutzen.

Name _____ Datum _____ Blatt 1

FOLGEN

1 Setze die Folgen fort.
Beispiel: 13, 14, 15, _16_, _17_, _18_

  a 20, 21, 22, ___, ___, ___   **b** 56, 57, 58, ___, ___, ___

  c 88, 87, 86, ___, ___, ___   **d** 35, 40, 45, ___, ___, ___

  e 90, 85, 80, ___, ___, ___   **f** 30, 32, 34, ___, ___, ___

2 Streiche die Zahl durch, die **nicht** dazu gehört.
Beispiel: 2, 4, 6, X, 8, 10

  a 15, 20, 25, 27, 30   **b** 66, 67, 68, 70, 72   **c** 100, 99, 89, 98, 97

  d 20, 30, 35, 40, 50   **e** 57, 58, 59, 60, 62   **f** 76, 75, 70, 65, 60

3 Zähle in Fünferschritten bis 100 und verbinde die Zahlen.

0	10	52	20	25
60	5	15	35	30
65	55	50	40	100
70	75	45	90	95
19	80	85	61	44

4 Zähle in Zweierschritten bis 100 und verbinde die Zahlen.

0	14	16	58	60	62	68	70	25
2	12	10	18	56	64	66	72	100
4	6	8	20	54	78	76	74	98
30	28	26	22	52	80	84	94	96
32	36	38	24	50	82	86	92	37
34	40	42	44	46	48	88	90	43

5 Erfinde für deinen Partner ein Spiel zum Zahlenverbinden und schreibe es auf die Rückseite.

Name _____ Datum _____ Blatt 2

ZEHNER-SCHRITTE

1 Trage die fehlenden Zahlen ein.

a | 10 | 20 | 30 | 40 | | 60 | | 80 |
b | | 40 | | 60 | | | 90 | 100 |
c | 0 | 10 | | | | 60 | | |
d | 20 | | | 50 | | | | 90 |

2 Trage die fehlenden Zahlen ein.

a: 100, 90, 80, __, 60, __, 40
b: 80, __, __, 50, __, 30, __
c: __, 80, __, 60, __, __, 30
d: __, 50, __, __, __, __, 10

3 Trage die fehlenden Zahlen ein.

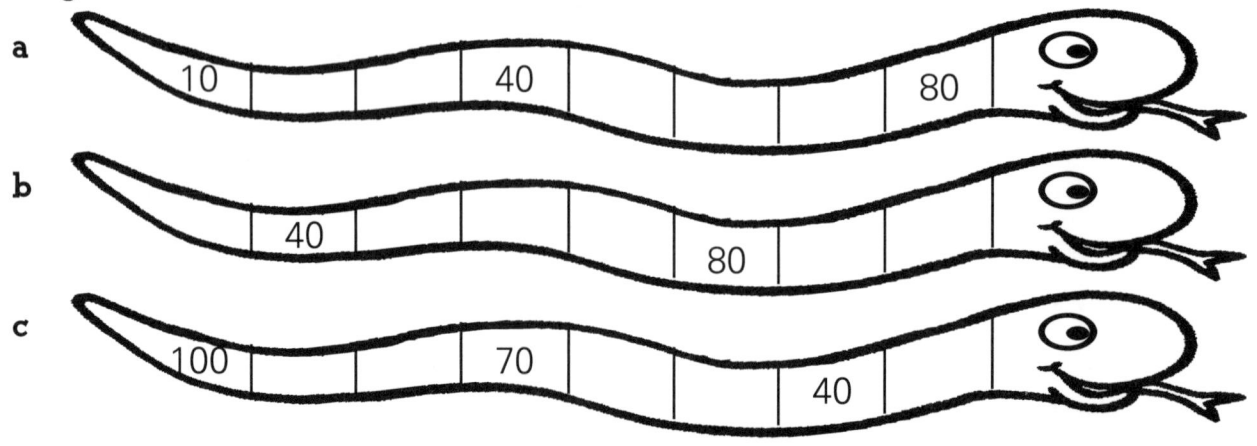

a: 10, __, __, 40, __, __, __, 80, __
b: __, __, 40, __, __, __, 80, __
c: 100, __, __, 70, __, __, 40, __

Name _____ Datum _____ Blatt 3

ZWEIER-SCHRITTE

1 a Trage die fehlenden Zahlen ein.

1		3		5		7		9	
11		13		15		17		19	
21		23		25		27		29	
31		33		35		37		39	
41		43		45		47		49	
51		53		55		57		59	
61		63		65		67		69	
71		73		75		77		79	
81		83		85		87		89	
91		93		95		97		99	

b Male die Felder mit deinen Zahlen farbig aus.

c Sind die Zahlen in den farbigen Feldern *gerade* oder *ungerade*? _____

2 Trage die fehlenden Zahlen ein.

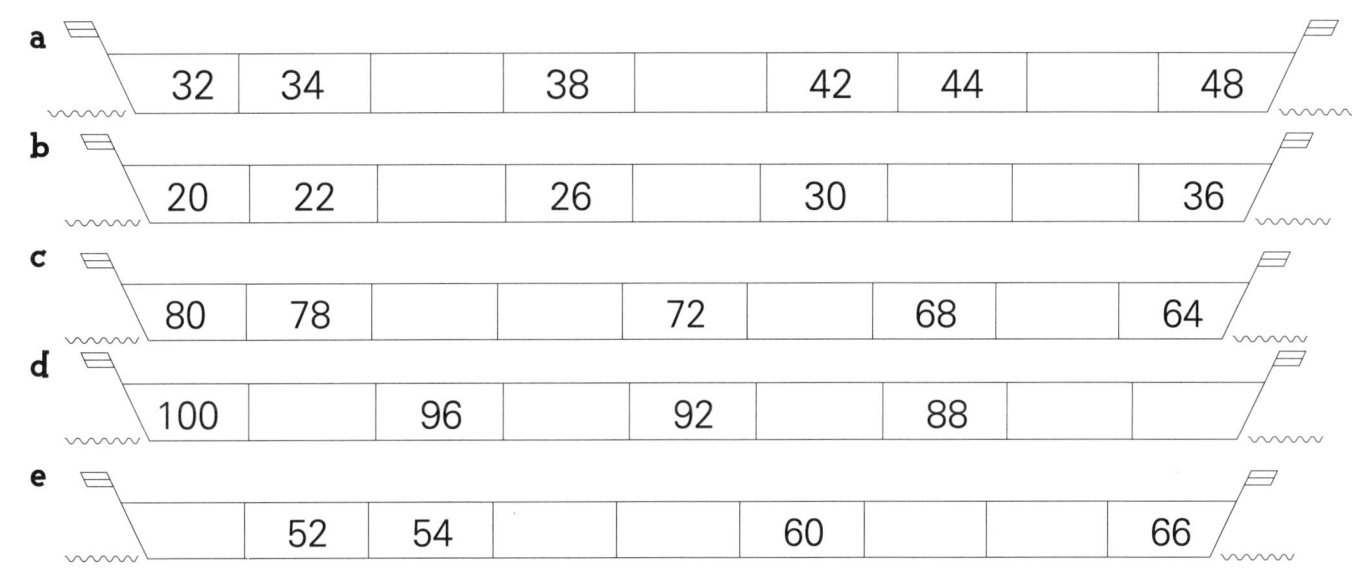

a 32 | 34 | __ | 38 | __ | 42 | 44 | __ | 48

b 20 | 22 | __ | 26 | __ | 30 | __ | __ | 36

c 80 | 78 | __ | __ | 72 | __ | 68 | __ | 64

d 100 | __ | 96 | __ | 92 | __ | 88 | __ | __

e __ | 52 | 54 | __ | __ | __ | 60 | __ | 66

Name _____ Datum _____ Blatt 4

FÜNFER-SCHRITTE

1 Trage die fehlenden Zahlen ein.

   a 5, 10, 15, ____, 25, ____, 35   **b** 20, 25, ____, ____, 40, ____, 50

   c 55, ____, ____, 70, 75, ____   **d** ____, ____, 45, 50, ____, 60, ____

2 Trage die fehlenden Zahlen ein.

a	85	80	75		65		55	
b	100			85		75		65
c			25				10	0
d			60	55		45		

3 a Trage die fehlenden Zahlen ein.

1		3			6			9	10
11			14			17			
	22			25			28		30
		33			36			39	
41			44			47			50
	52			55			58		
		63			66			69	
71			74			77			80
	82			85					
		93			96		98		

   b Male die Vielfachen von 5 farbig an.

   c Was für ein Muster erhältst du? _____

_____

4 Erfinde für deinen Partner ein Rätsel zum Zählen in 5er-Schritten und schreibe es auf die Rückseite.

Name _____ Datum _____ Blatt 5

TASCHENRECHNER-ÜBUNGEN

1 Löse die Aufgaben mit einem Taschenrechner.

a Start 0 → +3 → ☐ → +3 → ☐ → +3 → ☐ → +3 → ☐ → +3 → ☐

b Start 0 → +2 → ☐ → +2 → ☐ → +2 → ☐ → +2 → ☐ → +2 → ☐

c Start 0 → +1 → ☐ → +1 → ☐ → +1 → ☐ → +1 → ☐ → +1 → ☐

d Start 0 → +4 → ☐ → +4 → ☐ → +4 → ☐ → +4 → ☐ → +4 → ☐

2 Löse die Aufgaben mit einem Taschenrechner.

a Start 0 → +50 → ◇ → +20 → ◇ → −30 → ◇ → −20 → ◇ → +50 → ◇

b Start 0 → +90 → ◇ → −30 → ◇ → +10 → ◇ → −70 → ◇ → +30 → ◇

c Start 0 → +80 → ◇ → −20 → ◇ → +14 → ◇ → −51 → ◇ → +51 → ◇

d Start 0 → +70 → ◇ → −50 → ◇ → +12 → ◇ → −20 → ◇ → +41 → ◇

3 Löse die Aufgaben mit einem Taschenrechner.

a 21 + 30 + 40 − 57 + 15 = _____   b 60 - 23 + 33 − 14 = _____

c 100 − 92 + 48 + 29 − 16 = _____   d 73 - 37 + 15 − 9 = _____

4 Denke dir eigene Aufgaben für den Taschenrechner aus.
Schreibe sie auf die Rückseite und bitte deinen Partner, sie zu lösen.

Name _____ **Datum** _____ **Blatt 6**

ZEHNER-SCHRITTE

1 Trage die fehlenden Zahlen ein.

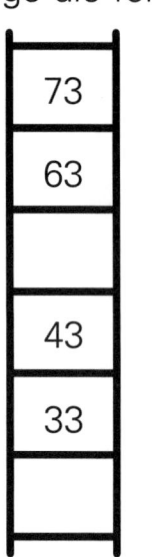

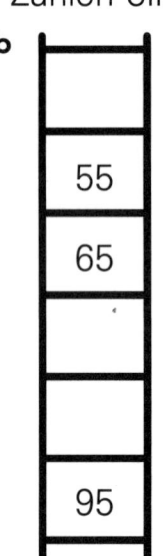

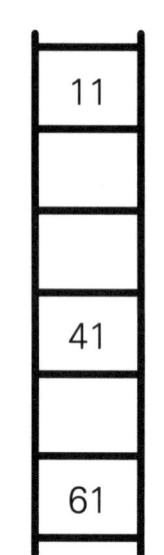

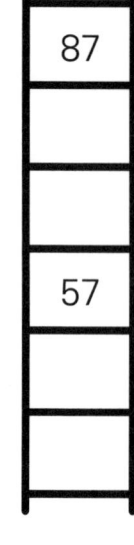

a: 73, 63, __, 43, 33, __

b: __, 55, 65, __, __, 95

c: 11, __, __, 41, __, 61

d: 87, __, __, 57, __, __

2 Vervollständige die Zahlenlinien.

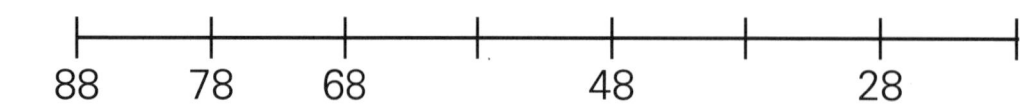

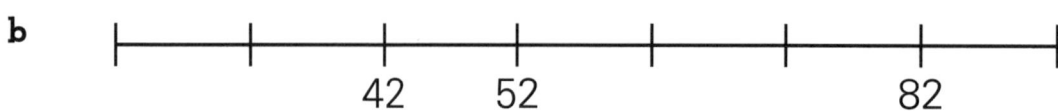

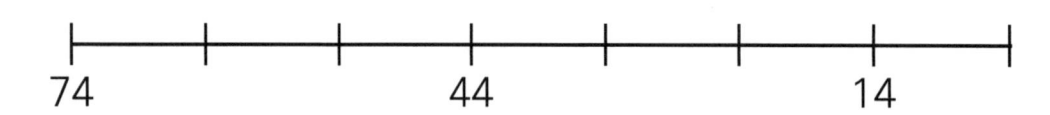

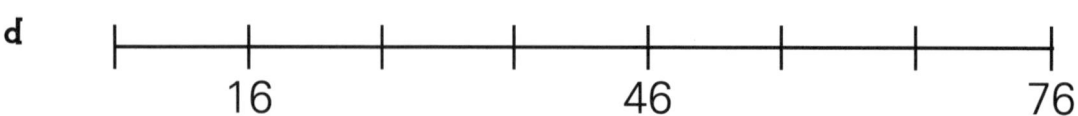

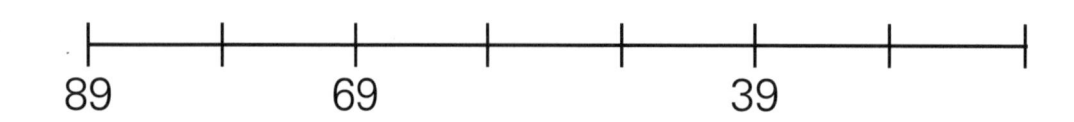

a: 88, 78, 68, __, 48, __, 28, __

b: __, 42, 52, __, __, 82, __

c: 74, __, __, 44, __, 14, __

d: __, 16, __, __, 46, __, __, 76

e: 89, __, 69, __, __, 39, __

3 Denke dir auch eine Aufgabe zum Zählen in 10er-Schritten aus, schreibe sie auf die Rückseite und bitte deinen Partner, sie zu lösen.

Name _____ **Datum** _____ Blatt 7

TEST: ZAHLEN BIS 100

1 Zähle in Zweierschritten und trage die fehlenden Zahlen ein.

   a 80, ____, 84, 86, ____, ____   **b** 45, 47, 49, ____, ____, ____

   c 79, ____, ____, 73, ____, 69   **d** ____, 88, 86, ____, ____, ____

2 Zähle in Fünferschritten und trage die fehlenden Zahlen ein.

   a 15, 25, 40, 50, 55

   b 90, 75, 60

   c 40, 60

   d 35, 15, 0

3 Zähle in Zehnerschritten und trage die fehlenden Zahlen ein.

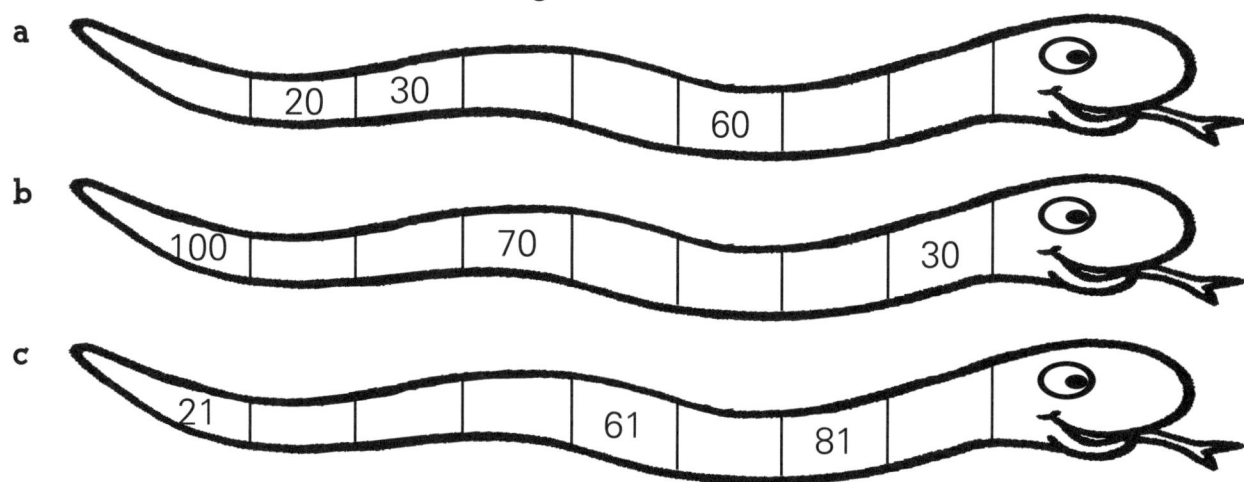

   a 20, 30, 60

   b 100, 70, 30

   c 21, 61, 81

4 Löse die Aufgaben mit einem Taschenrechner.

   a 33 + 33 − 22 + 45 − 9 = ____   **b** 100 − 38 − 26 + 7 = ____

   c 80 − 20 − 35 + 37 − 0 = ____   **d** 99 − 66 − 33 + 45 = ____

N. Bauer/J. Tertini/J. Fay: Mathe lernen • Best.-Nr. 450 © Brigg Pädagogik Verlag GmbH, Augsburg

LÖSUNGEN

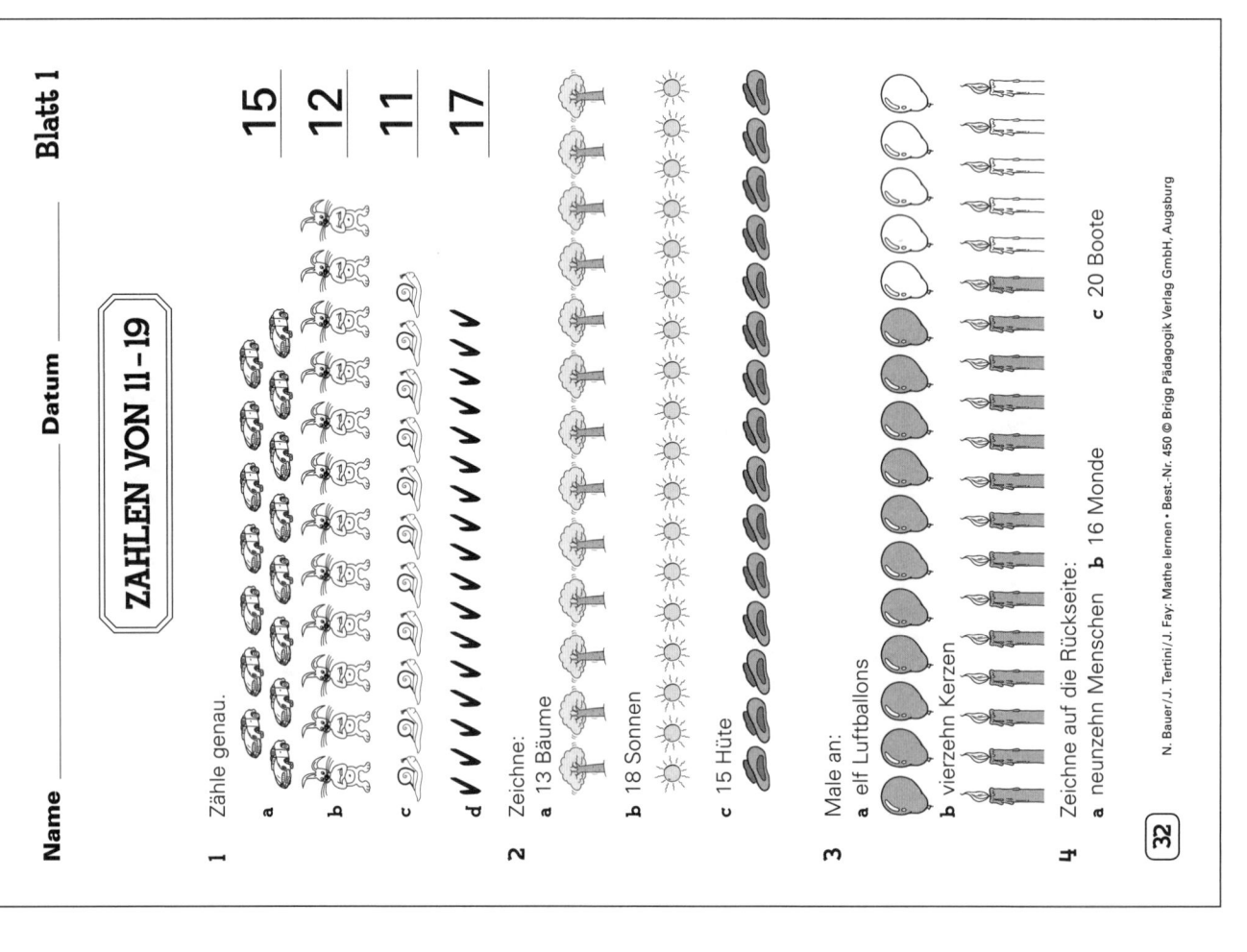

Blatt 1 — ZAHLEN VON 11–19

Name _____ Datum _____

1 Zähle genau.
   a 15
   b 12
   c 11
   d 17

2 Zeichne:
   a 13 Bäume
   b 18 Sonnen
   c 15 Hüte

3 Male an:
   a elf Luftballons
   b vierzehn Kerzen

4 Zeichne auf die Rückseite:
   a neunzehn Menschen   b 16 Monde   c 20 Boote

Blatt 2 — ZAHLEN VON 11–20

Name _____ Datum _____

1 Schreibe die Zahlen.
   Beispiel: zehn plus sieben   17
   a zehn plus zehn   20   b zehn plus eins   11
   c zehn plus drei   13   d zehn plus neun   19
   e zehn plus fünf   15   f zehn plus acht   18

2 Verbinde!
   zehn plus neun — 19
   siebzehn — 17
   vierzehn — 14
   achtzehn — 18
   zwanzig — 20
   zehn plus eins — 11
   zwölf — 12
   zehn plus sechs — 16

3 Ergänze.
   Beispiel: 10, 11, 12, 13, 14, 15
   a 11, 12, 13, 14, 15, 16
   b 13, 14, 15, 16, 17, 18
   c 14, 15, 16, 17, 18, 19
   d 12, 13, 14, 15, 16, 17

4 Ergänze die Zahlenreihen.

a	20	19	18	17	16	15
b	18	17	16	15	14	13
c	16	15	14	13	12	11
d	17	16	15	14	13	12

Blatt 4

ZAHLEN BIS 100

1 Trage die fehlenden Zahlen ein.

1	2	3	4	5	6	7	8	9	10
11	12	13	14	15	16	17	18	19	20
21	22	23	24	25	26	27	28	29	30
31	32	33	34	35	36	37	38	39	40
41	42	43	44	45	46	47	48	49	50
51	52	53	54	55	56	57	58	59	60
61	62	63	64	65	66	67	68	69	70
71	72	73	74	75	76	77	78	79	80
81	82	83	84	85	86	87	88	89	90
91	92	93	94	95	96	97	98	99	100

2 Schreibe die Zahlen in Buchstaben.

- **a** 23 dreiundzwanzig
- **b** 40 vierzig
- **c** 65 fünfundsechzig
- **d** 31 einunddreißig
- **e** 72 zweiungsiebzig
- **f** 59 neunundfünfzig
- **g** 89 neunundachtzig
- **h** 44 vierundvierzig

3 Schreibe die Zahlen in Ziffern.

- **a** siebenundzwanzig 27
- **b** vierzig 40
- **c** dreiundneunzig 93
- **d** fünfunddreißig 35
- **e** achtundsiebzig 78
- **f** sechsundsechzig 66
- **g** einundfünfzig 51
- **h** achtzig 80

Blatt 3

ZAHLEN BIS 20

1 Vervollständige das Punktbild und male es aus.

elf – gelb
vierzehn – dunkelblau
fünfzehn – rot
siebzehn – dunkelgrün
achtzehn – orange
zwanzig – hellgrün

2 Male die Flächen in der richtigen Farbe aus.

LÖSUNGEN

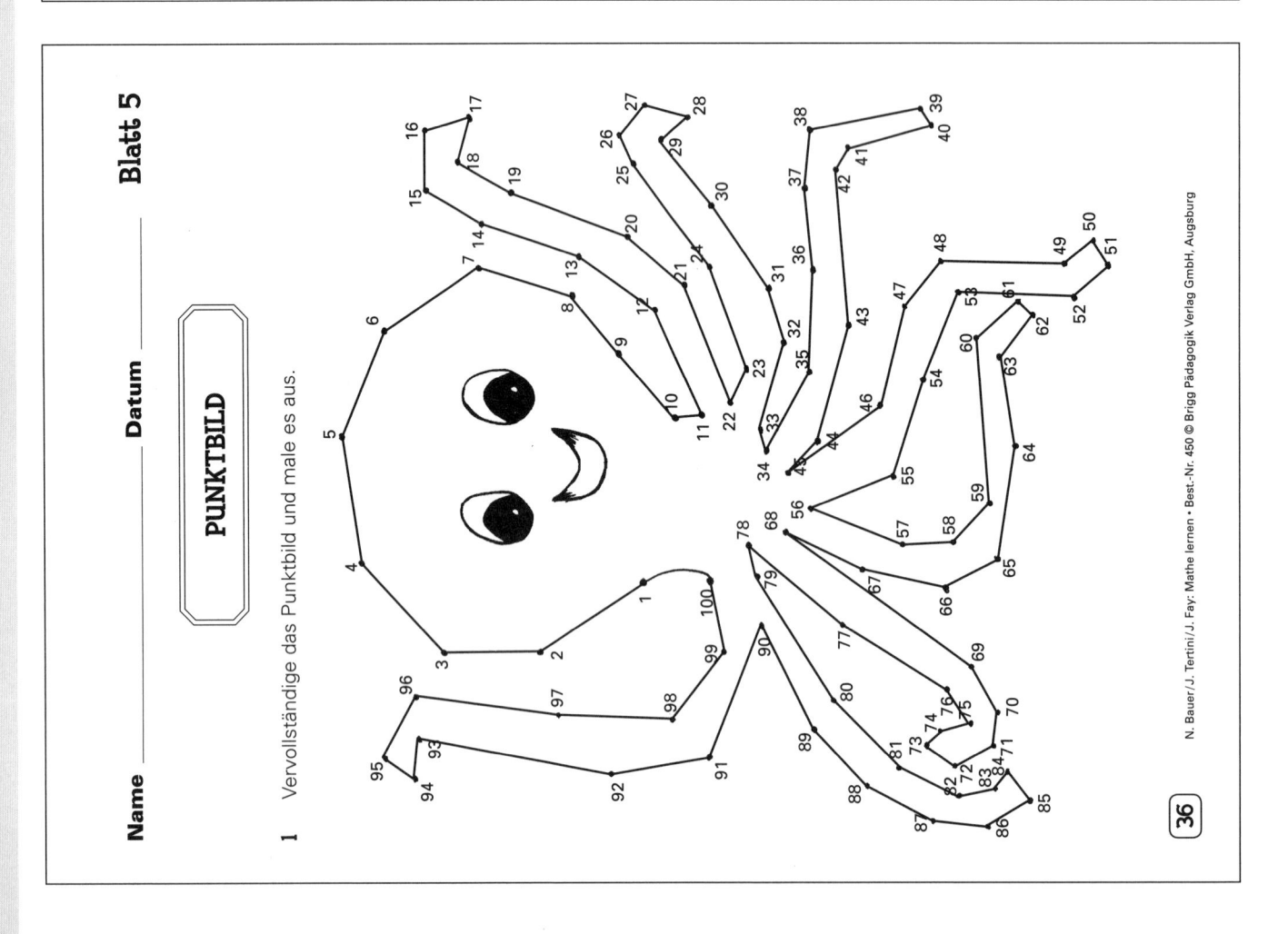

Blatt 6 — ZAHLEN VON 20–99

1 Fülle aus.

Beispiele: **(i)** 2 Zehner = 20 **(ii)** 3 Zehner und 6 Einer = 36

a 5 Zehner = 50 **b** 4 Zehner und 3 Einer = 43

c 9 Zehner und 7 Einer = 97 **d** 8 Zehner und 0 Einer = 80

2 Verbinde passend. Eine Linie ist bereits eingezeichnet.

- 62 — zweiundsechzig
- 91 — einundneunzig
- 55 — fünfundfünfzig
- 44 — vierundvierzig
- 34 — vierunddreißig

3 Trage die Anzahlen ein.

a 6 Zehner 4 Einer = 64

b 3 Zehner 7 Einer = 37

c 5 Zehner 0 Einer = 50

d 9 Zehner 9 Einer = 99

4 Zeichne auf die Rückseite:

a 6 Zehner und 6 Einer

b 8 Zehner und 3 Einer

Blatt 5 — PUNKTBILD

1 Vervollständige das Punktbild und male es aus.

LÖSUNGEN

Blatt 8 — SPIEL: WÖRTERSUCHE

Diese Wörter treten in dem oben abgebildeten Puzzle auf, horizontal, vertikal oder diagonal und jeweils vorwärts oder rückwärts. Kreise die Wörter ein, die du findest. Manche Wörter haben Buchstaben gemeinsam, aber nicht ein ganzes Wort.

NULL	SECHS	ZWÖLF	ACHTZEHN	SECHZIG
EINS	SIEBEN	DREIZEHN	NEUNZEHN	SIEBZIG
ZWEI	ACHT	VIERZEHN	ZWANZIG	ACHTZIG
DREI	NEUN	FÜNFZEHN	DREISSIG	NEUNZIG
VIER	ZEHN	SECHZEHN	VIERZIG	HUNDERT
FÜNF	ELF	SIEBZEHN	FÜNFZIG	

Blatt 7 — TEST: ZAHLEN BIS 100

1
 a Zeichne 12 Schnecken.
 b Zeichne 17 Hüte.

2 Verbinde passend.
 zehn und fünf — 19
 zehn und zwei — 20
 zehn und neun — 15
 zehn und zehn — 12
 (Lösung: zehn und fünf → 15; zehn und zwei → 12; zehn und neun → 19; zehn und zehn → 20)

3 Ergänze.
 a 13, __14__, 15, __16__, 17, __18__
 b __19__, 18, __17__, 16, __15__, __14__
 c 15, __16__, __17__, __18__, 19, __20__
 d __16__, 15, __14__, __13__, 12, __11__

4 Schreibe jede Zahl als Wort.
 a 52 __zweiundfünfzig__   b 74 __vierundsiebzig__
 c 28 __achtundzwanzig__   d 40 __vierzig__

5 Schreibe jede Zahl in Ziffern.
 a dreiundsiebzig __73__   b neunundachtzig __89__
 c einundvierzig __41__   d sechzig __60__

6 Male aus und trage die Zahlen ein.
 a 5 Zehner und 6 Einer __56__
 b 8 Zehner und 2 Einer __82__

LÖSUNGEN

Blatt 2 — ZEHNER-SCHRITTE

1 Trage die fehlenden Zahlen ein.

a	10	20	30	40	50	60	70	80
b	30	40	50	60	70	80	90	100
c	0	10	20	30	40	50	60	70
d	20	30	40	50	60	70	80	90

2 Trage die fehlenden Zahlen ein.

a	100	90	80	70	60	50	40
b	80	70	60	50	40	30	20
c	90	80	70	60	50	40	30
d	60	50	40	30	20	10	0

3 Trage die fehlenden Zahlen ein.

a	10	20	30	40	50	60	70	80
b	30	40	50	60	70	80	90	100
c	100	90	80	70	60	50	40	30

42

Blatt 1 — FOLGEN

1 Setze die Folgen fort.
Beispiel: 13, 14, 15, 16, 17, 18

a 20, 21, 22, 23, 24, 25
b 56, 57, 58, 59, 60, 61
c 88, 87, 86, 85, 84, 83
d 35, 40, 45, 50, 55, 60
e 90, 85, 80, 75, 70, 65
f 30, 32, 34, 36, 38, 40

2 Streiche die Zahl durch, die **nicht** dazu gehört.
Beispiel: 2, 4, 6, ~~7~~, 8, 10

a 15, 20, 25, ~~27~~, 30
b 66, ~~67~~, 68, 70, 72
c 100, 99, ~~98½~~, 98, 97
d 20, 30, ~~35~~, 40, 50
e 57, 58, 59, 60, ~~61~~
f ~~76~~, 75, 70, 65, 60

3 Zähle in Fünferschritten bis 100 und verbinde die Zahlen.

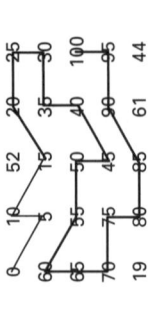

4 Zähle in Zweierschritten bis 100 und verbinde die Zahlen.

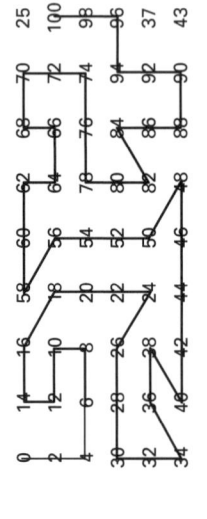

5 Erfinde für deinen Partner ein Spiel zum Zahlenverbinden und schreibe es auf die Rückseite.

41

LÖSUNGEN

Blatt 4 — FÜNFER-SCHRITTE

1 Trage die fehlenden Zahlen ein.

a 5, 10, 15, __20__, 25, __30__, 35, 40, __45__, 50
b 20, 25, __30__, __35__, 40, __45__, 50, __55__, 60, __65__
c 55, __60__, __65__, 70, 75, __80__
d __35__, 40, 45, 50, __55__, 60, __65__

2 Trage die fehlenden Zahlen ein.

a 85, 80, __75__, __70__, __65__, 60, __55__, __50__
b __100__, __95__, __90__, 85, __80__, 75, __70__, 65
c __35__, __30__, 25, __20__, __15__, 10, __5__, 0
d __70__, __65__, 60, __55__, __50__, 45, __40__, 35

3 a Trage die fehlenden Zahlen ein.

1	2	3	4	**5**	6	7	8	9	**10**
11	12	13	14	**15**	16	17	18	19	**20**
21	22	23	24	**25**	26	27	28	29	**30**
31	32	33	34	**35**	36	37	38	39	**40**
41	42	43	44	**45**	46	47	48	49	**50**
51	52	53	54	**55**	56	57	58	59	**60**
61	62	63	64	**65**	66	67	68	69	**70**
71	72	73	74	**75**	76	77	78	79	**80**
81	82	83	84	**85**	86	87	88	89	**90**
91	92	93	94	**95**	96	97	98	99	**100**

b Male die Vielfachen von 5 farbig an.
c Was für ein Muster erhältst du? __zwei senkrechte Reihen__

4 Erfinde für deinen Partner ein Rätsel zum Zählen in 5er-Schritten und schreibe es auf die Rückseite.

Blatt 3 — ZWEIER-SCHRITTE

1 a Trage die fehlenden Zahlen ein.

1	**2**	3	**4**	5	**6**	7	**8**	9	**10**
11	**12**	13	**14**	15	**16**	17	**18**	19	**20**
21	**22**	23	**24**	25	**26**	27	**28**	29	**30**
31	**32**	33	**34**	35	**36**	37	**38**	39	**40**
41	**42**	43	**44**	45	**46**	47	**48**	49	**50**
51	**52**	53	**54**	55	**56**	57	**58**	59	**60**
61	**62**	63	**64**	65	**66**	67	**68**	69	**70**
71	**72**	73	**74**	75	**76**	77	**78**	79	**80**
81	**82**	83	**84**	85	**86**	87	**88**	89	**90**
91	**92**	93	**94**	95	**96**	97	**98**	99	**100**

b Male die Felder mit deinen Zahlen farbig aus.
c Sind die Zahlen in den farbigen Feldern *gerade* oder *ungerade*? __gerade__

2 Trage die fehlenden Zahlen ein.

a 32, 34, **36**, 38, **40**, 42, 44, **46**, 48
b 20, 22, **24**, 26, 28, 30, 32, **34**, 36
c 80, 78, **76**, 74, 72, 70, 68, **66**, 64
d 100, **98**, **96**, **94**, 92, 90, 88, **86**, **84**
e 50, 52, 54, **56**, 58, 60, 62, **64**, 66

LÖSUNGEN

Blatt 6 — ZEHNER-SCHRITTE

1 Trage die fehlenden Zahlen ein.

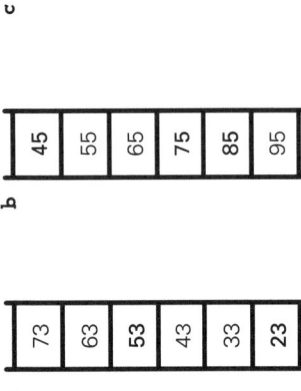

a: 73, 63, 53, 43, 33, 23
b: 45, 55, 65, 75, 85, 95
c: 11, 21, 31, 41, 51, 61
d: 87, 77, 67, 57, 47, 37

2 Vervollständige die Zahlenlinien.

a: 88 — 78 — 68 — 58 — 48 — 38 — 28 — 18
b: 22 — 32 — 42 — 52 — 62 — 72 — 82 — 92
c: 74 — 64 — 54 — 44 — 34 — 24 — 14 — 4
d: 6 — 16 — 26 — 36 — 46 — 56 — 66 — 76
e: 89 — 79 — 69 — 59 — 49 — 39 — 29 — 19

3 Denke dir auch eine Aufgabe zum Zählen in 10er-Schritten aus, schreibe sie auf die Rückseite und bitte deinen Partner, sie zu lösen.

Blatt 5 — TASCHENRECHNER-ÜBUNGEN

1 Löse die Aufgaben mit einem Taschenrechner.

a: Start 0 →+3→ 3 →+3→ 6 →+3→ 9 →+3→ 12 →+3→ 15
b: Start 0 →+2→ 2 →+2→ 4 →+2→ 6 →+2→ 8 →+2→ 10
c: Start 0 →+1→ 1 →+1→ 2 →+1→ 3 →+1→ 4 →+1→ 5
d: Start 0 →+4→ 4 →+4→ 8 →+4→ 12 →+4→ 16 →+4→ 20

2 Löse die Aufgaben mit einem Taschenrechner.

a: Start 0 →+50→ 50 →+20→ 70 →−30→ 40 →−20→ 20 →+50→ 70
b: Start 0 →+90→ 90 →−30→ 60 →+10→ 70 →−70→ 0 →+30→ 30
c: Start 0 →+80→ 80 →−20→ 60 →+14→ 74 →−51→ 23 →+51→ 74
d: Start 0 →+70→ 70 →−50→ 20 →+12→ 32 →−20→ 12 →+41→ 53

3 Löse die Aufgaben mit einem Taschenrechner.

a 21 + 30 + 40 − 57 + 15 = **49**
b 60 − 23 + 33 − 14 = **56**
c 100 − 92 + 48 + 29 − 16 = **69**
d 73 − 37 + 15 − 9 = **42**

4 Denke dir eigene Aufgaben für den Taschenrechner aus. Schreibe sie auf die Rückseite und bitte deinen Partner, sie zu lösen.

Name _____ **Datum** _____ **Blatt 7**

TEST: ZAHLEN BIS 100

1 Zähle in Zweierschritten und trage die fehlenden Zahlen ein.

a 80, __82__, 84, 86, __88__, 90 b 45, 47, 49, __51__, 53, __55__

c 79, __77__, 75, 73, __71__, 69 d __90__, 88, 86, __84__, 82, __80__

2 Zähle in Fünferschritten und trage die fehlenden Zahlen ein.

a 15, __20__, 25, __30__, 35, __40__, 45, __50__, __55__

b 95, __90__, __85__, 80, __75__, 70, __65__, __60__, __55__

c 40, __45__, __50__, 55, __60__, 65, __70__, __75__, __80__

d 40, __35__, __30__, 25, __20__, 15, __10__, __5__, __0__

3 Zähle in Zehnerschritten und trage die fehlenden Zahlen ein.

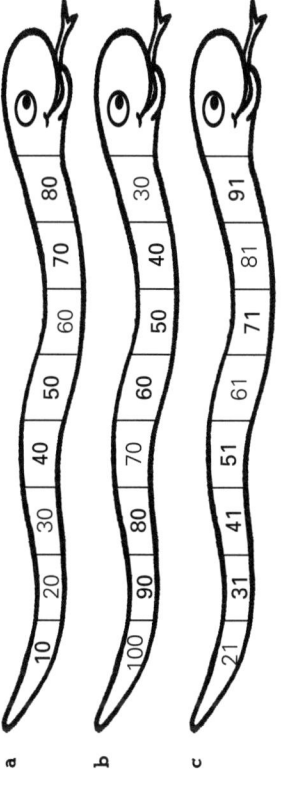

a 10, 20, __30__, 40, 50, __60__, 70, __80__

b 100, __90__, 80, __70__, 60, __50__, __40__, __30__

c 21, 31, __41__, 51, 61, 71, 81, __91__

4 Löse die Aufgaben mit einem Taschenrechner.

a 33 + 33 − 22 + 45 − 9 = __80__   b 100 − 38 − 26 + 7 = __43__

c 80 − 20 − 35 + 37 − 0 = __62__   d 99 − 66 − 33 + 45 = __45__

ZAHLEN BIS 1000

Diese beiden Lerneinheiten behandeln den Zahlenraum bis 1000. Das Zahlenverständnis wird durch zahlreiche unterschiedliche Aktivitäten gefördert. Dazu gehören das Darstellen von Zahlen mit Bündelungsmaterial sowie das Erkennen derartig dargestellter Zahlen. Zur Darstellung wird auch ein Rechenschieber benutzt. Der Taschenrechner liefert weitere Erkenntnisse. Durch Lesen und Schreiben der Dezimalzerlegung wird der Umgang mit Stellenwerten geübt.

Das Anordnen von Zahlen, Zählen in Hundertern, Schätzen der Mächtigkeit größerer Mengen, das Bilden der größten und kleinsten Zahl aus vorgegebenen Ziffern sowie der Umgang mit Geldbeträgen vermitteln weitere Sicherheit.

Die Übungsseite enthält ein Spiel, bei dem die einzelnen Züge mit einem Taschenrechner aus dreistelligen Zahlen ermittelt werden.

Außerdem gibt es zwei Testseiten.

ZAHLEN BIS 1000

LERNEINHEIT 1
Erkennen
Schätzen
Mengen zählen
Zahlwörter und Ziffern
Vorwärts und rückwärts zählen
Zahlen ordnen

Lernziele

Die Schülerinnen und Schüler

- ordnen natürliche Zahlen bis 999.

- erzeugen, benennen und schreiben auf unterschiedliche Art die Zahlen bis 999.

- zählen – ausgehend von einer beliebigen Zahl – in 1er-, 10er- und 100er-Schritten vorwärts wie rückwärts im Zahlenraum bis 1000.

- schätzen die Elementzahl größerer Mengen, indem sie sie in gleich große Gruppen zerlegen.

- wählen und benutzen die der jeweiligen Situation angemessene Operation: Addition oder Subtraktion.

- zählen, vergleichen und ordnen Anzahlen bis zu 999, stellen sie in Ziffern und Buchstaben dar und kennen den Stellenwert der einzelnen Ziffern.

- benutzen Bündelmaterial und begreifen so Schritt für Schritt den Aufbau des Zahlensystems.

- lernen, wie Zahlen durch Zerlegen in Mengen von jeweils 10, 100 und 1000 Elementen dargestellt werden können.

Arbeitsblätter

1 **Zahlen im Alltag** – Zahlen erkennen; Zahlen in Alltagssituationen zuordnen
   * Buntstifte

2 **Schätzen** – Mengen schätzen; Schätzung durch Zählen von 10er- und 100er-Gruppen überprüfen; eine Menge mit über 100 Elementen zeichnen
   * Buntstifte

3 **Hunderter zählen** – Menge, Zahlwort und Zahl verbinden; Punktbild in 100ern; Zahl/Menge/Wort dem Zahlenwert zuordnen
   * Buntstifte, Bündelmaterial, rautiertes Papier

4 **Hunderter** – durch Bündelmaterial dargestellte Mengen erkennen und anmalen; Zahlwörter und Zahlen schreiben
   *Buntstifte

5 **Bündeln** – Bündelungen verstehen; Zahlenwerte in Hundertern, Zehnern und Einern ausdrücken; Mengen farbig hervorheben
   * Buntstifte

6 **Preise** – Zahlen nach Hundertern ordnen
   * Buntstifte, Schere, Klebstoff

7 **Test**
   *Buntstifte

8 **Spiel** – Stern-Spiel
   * Spielsteine, Würfel, Taschenrechner

Weiterführende Übungen

- Aus geeignetem Material Modelle dreistelliger Zahlen herstellen.

- Autokennzeichen sammeln und besprechen; Zahlen schreiben und über sie diskutieren.

- Hausnummern austauschen, die eigenen Adressen aufschreiben und besprechen; Briefumschläge mit Anschriften ausgeben und die vorkommenden Zahlen diskutieren.

- Eine bestimmte Zahl erraten lassen, mit „größer" und „kleiner", bis die richtige Zahl erreicht wird.

- Wie groß ist 100? Eine „Geburtstagstorte" aus Knetmasse oder Ton backen und mit 100 Zahnstochern als Kerzen dekorieren.

- Nach Möglichkeit einen 100-jährigen Menschen in der Klasse empfangen. Die Schüler Fragen zu den letzten 100 Jahren stellen lassen.

- Große Zahlen aus dem Fernsehen sammeln, z.B. 800 m-Lauf; nach Möglichkeit mit anderen Lerngebieten verbinden, z.B. draußen schätzen, wie lang wohl 800 m, sind und dann mit einem Messrad ermitteln.

- Über dreistellige Zahlen sprechen, die in anderen Unterrichtsfächern auftreten.

Name _____ Datum _____ **Blatt 1**

ZAHLEN IM ALLTAG

1 An jedem Briefkasten steht die Hausnummer. Wirf die Briefe richtig ein.

144   414   100   1000

Frau	Herrn	Frau	Herrn
S. Müller	M. Schmidt	F. Schneider	S. Fischer
Heringstr. 414	Rheinufer 100	Havelgasse 144	Isarweg 1000
20000 Hamburg	50000 Köln	10000 Berlin	80000 München

2 Male die Autos in der richtigen Farbe an.

253 = blau   523 = grün   325 = rot   532 = gelb

RV 325   AAU 532   NA 253   BAG 523

3 Sieh dir den Kilometerstand an und ordne die Autos nach der gefahrenen Entfernung an.

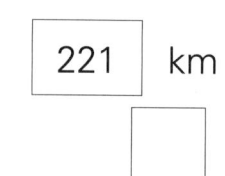

986 km   434 km   994 km   221 km

4 Hilf dem Fahrer, an jedem Bus das richtige Schild anzubringen.

BERGDORF   BAHNHOF   STADTPARK   ZENTRUM

ZENTRUM 410   BERGDORF 670   BAHNHOF 870   STADTPARK 510

Name _____ Datum _____ Blatt 2

SCHÄTZEN

1 Schätze jeweils die Anzahl und prüfe dann durch Zählen nach.

a

geschätzt _____ tatsächlich _____

b

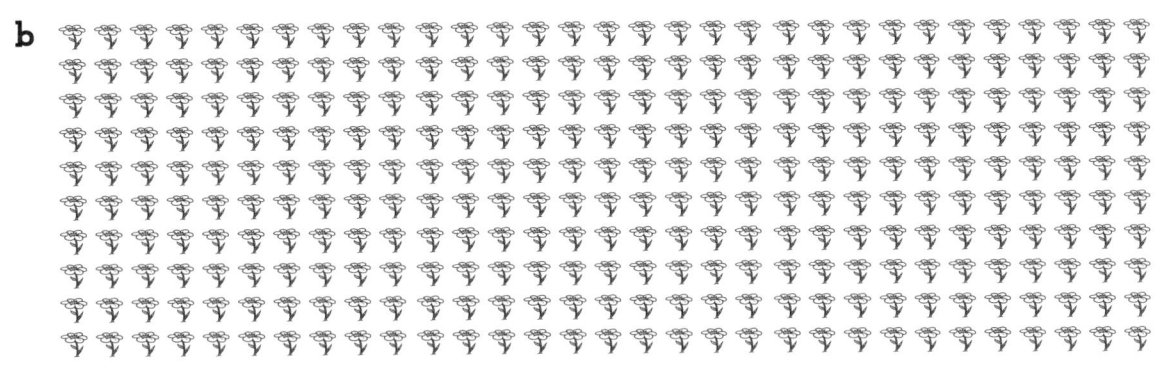

geschätzt _____ tatsächlich _____

2 Schätze die Anzahl und kreise dann Mengen ein, um zu prüfen. Zeichne weitere Häuser, um die Gesamtzahl 200 zu erreichen.

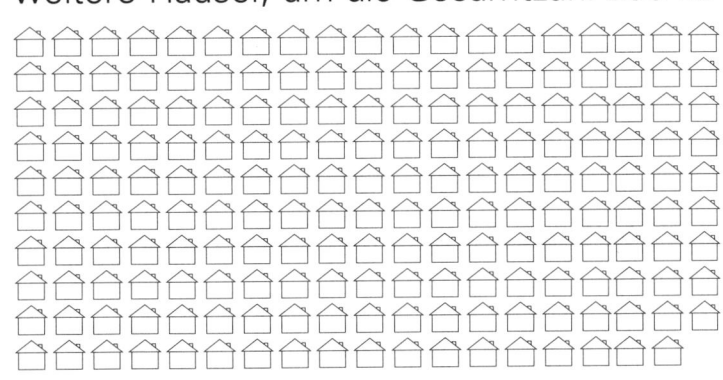

geschätzt _____

tatsächlich _____

3 Zeichne auf der Rückseite mehr als 100 gleiche Dinge (z.B. Kreise, Punkte). Zähle sie, indem du immer 10 von ihnen einkreist.

insgesamt _____

Name _____ Datum _____ Blatt 3

HUNDERTER ZÄHLEN

1 Verbinde die Punkte in der richtigen Reihenfolge und male das Bild an.

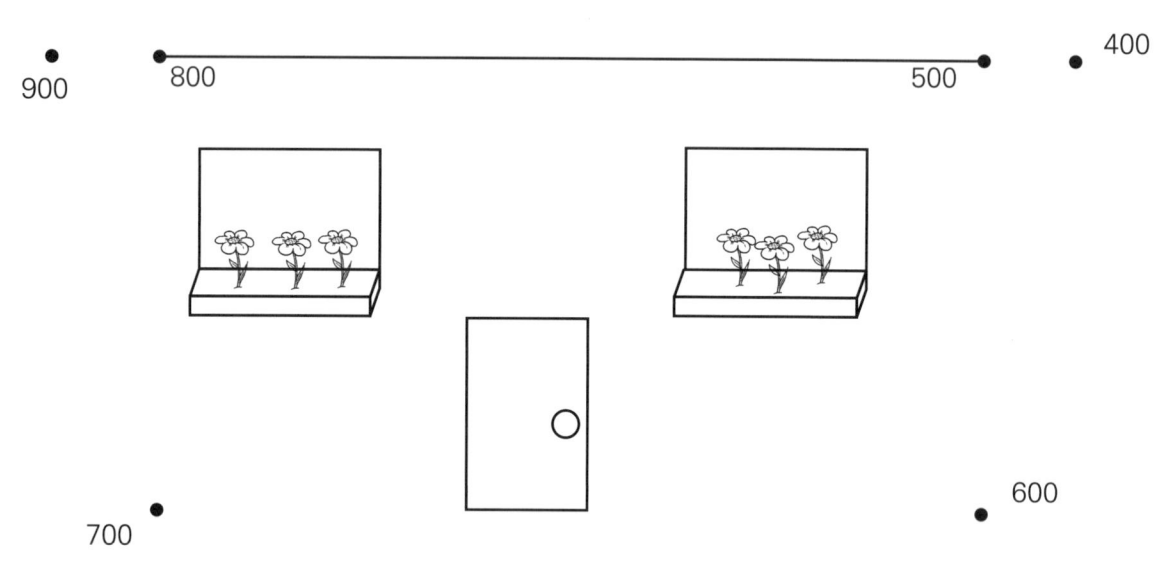

Start • • 100
1 000 • • 200
• 300
• 400
• 900   • 800   • 500
• 700   • 600

2 Zeichne passende Verbindungslinien ein.

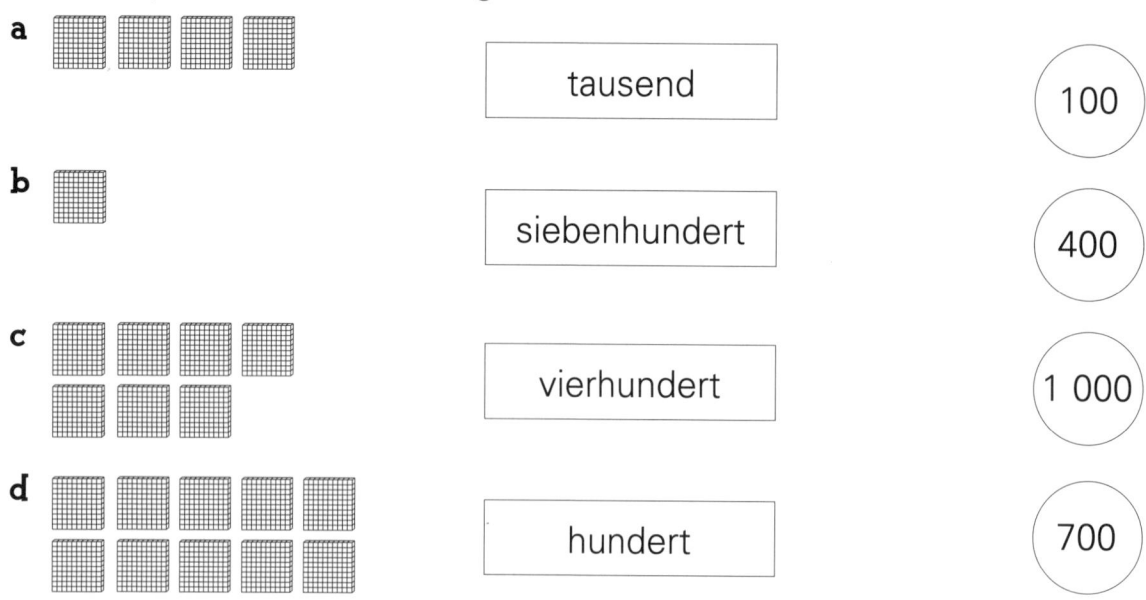

a ▦▦▦▦

b ▦

c ▦▦▦▦
   ▦▦▦

d ▦▦▦▦▦
   ▦▦▦▦▦

tausend		100
siebenhundert		400
vierhundert		1 000
hundert		700

3 Bilde mit Bündelmaterial die Zahlen 200, 600, 900 und zeichne ihre Darstellung auf kariertes Papier.

60   N. Bauer/J. Tertini/J. Fay: Mathe lernen • Best.-Nr. 450 © Brigg Pädagogik Verlag GmbH, Augsburg

Name _____ **Datum** _____ Blatt 4

HUNDERTER

1. Schreibe jeweils die Anzahl als Wort (Buchstaben) und als Zahl (Ziffern) und male die passende Menge von Blöcken an. Ein Block enthält 100 Einer.

a) hundert / einhundert   100

b) sechshundert   600

c) vierhundert   400

d) neunhundert   900

e) fünfhundert   500

f) zweihundert   200

g) achthundert   800

h) tausend / eintausend   1000

i) dreihundert   300

j) siebenhundert   700

N. Bauer/J. Tertini/J. Fay: Mathe lernen • Best.-Nr. 450 © Brigg Pädagogik Verlag GmbH, Augsburg

Name _____ **Datum** _____ **Blatt 5**

BÜNDELN

1 Schreibe die dargestellten Zahlen auf.

a

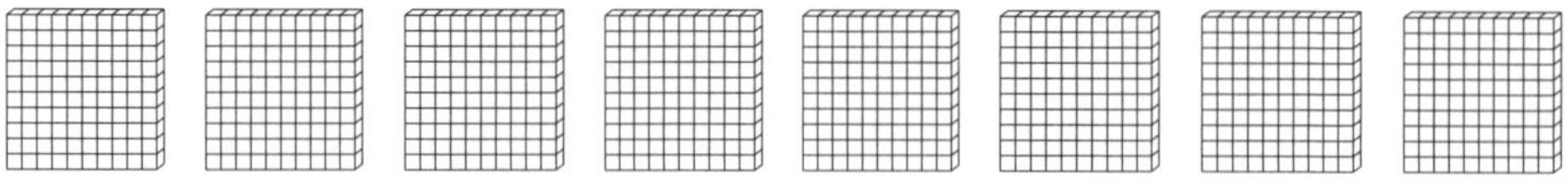

_____ Hunderter _____ Zehner _____ Einer = _____

b

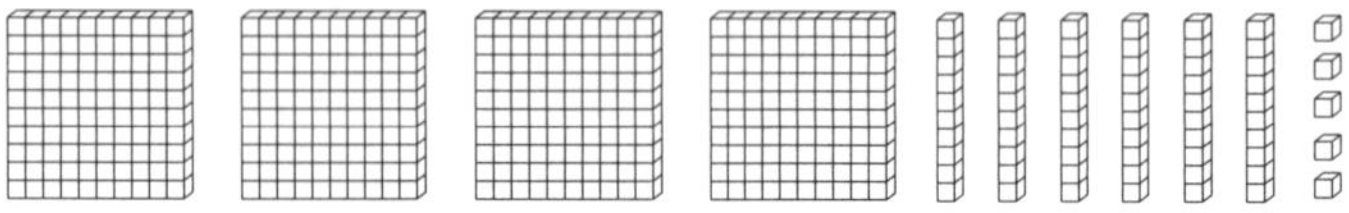

_____ Hunderter _____ Zehner _____ Einer = _____

c

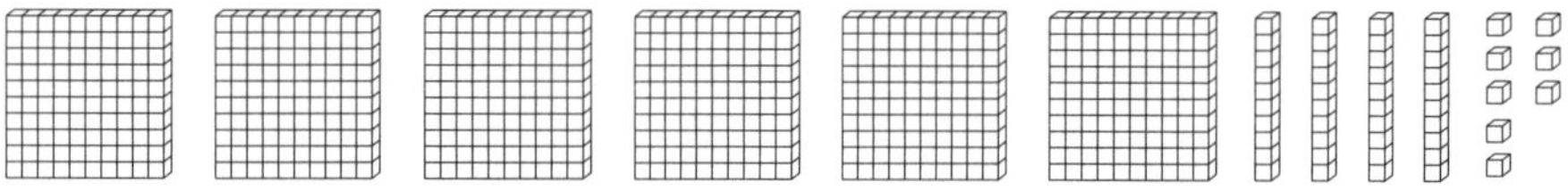

_____ Hunderter _____ Zehner _____ Einer = _____

d

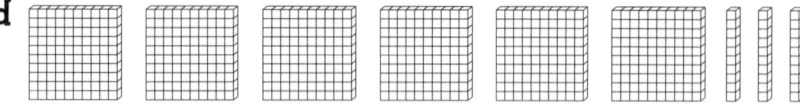

_____ Hunderter _____ Zehner _____ Einer = _____

e

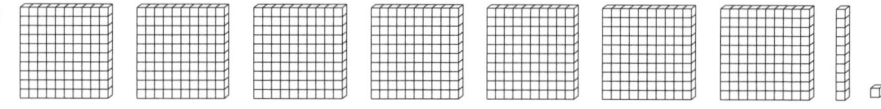

_____ Hunderter _____ Zehner _____ Einer = _____

2 Stelle die Zahlen dar, indem du die richtige Menge an Bündelmaterial anmalst.

a 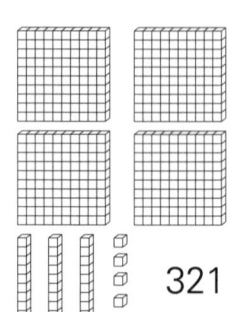 321   **b** 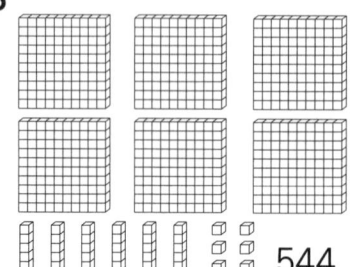 544   **c** 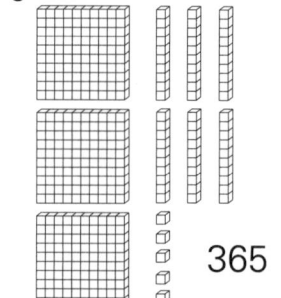 365

Name _____ Datum _____ Blatt 6

PREISE

1 Hilf dem Verkäufer, die Gegenstände richtig einzuordnen.
Schneide sie unten aus und klebe sie in das richtige Fach.

1€–99€	100€–199€	200€–299€	300€–399€	400€–499€
500€–599€	600€–699€	700€–799€	800€–899€	900€–999€

2 a Welcher Gegenstand ist am billigsten? _____ Er kostet _____

b Welcher Gegenstand ist am teuersten? _____ Er kostet _____

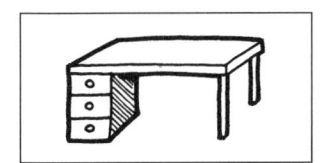

Tisch 279€

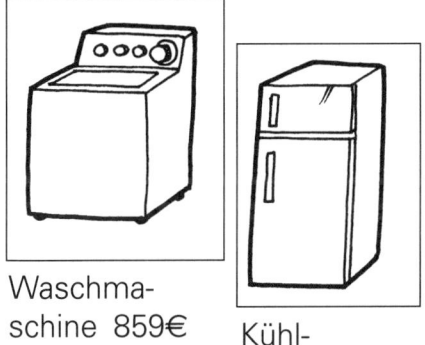

Bett 399€

Dreirad 39€

Sofa 999€

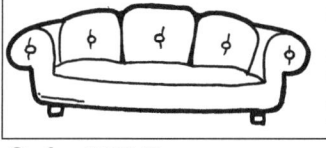

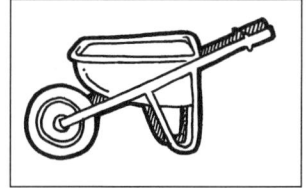

Waschmaschine 859€

Kühlschrank 699€

Tisch und Stühle 719€

Schrank 469€

Schubkarre 109€

Stereoanlage 509€

Name _____ Datum _____ Blatt 7

TEST: ZAHLEN BIS 1000

1 Schreibe die Zahlen.

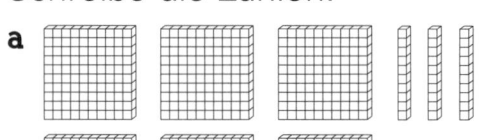

a

___ Hunderter ___ Zehner ___ Einer = _____

b

___ Hunderter ___ Zehner ___ Einer = _____

2 Male die richtige Anzahl der Kästchen bunt aus.

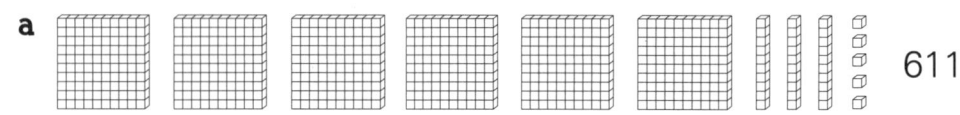

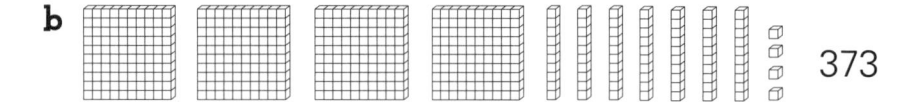

a   611

b   373

3 Zähle die Hunderter-Blöcke.

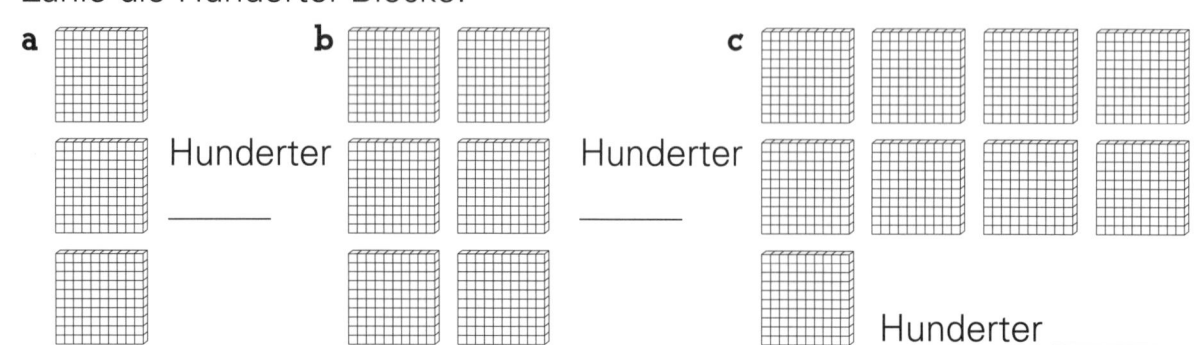

a   Hunderter _____

b   Hunderter _____

c   Hunderter _____

4 Schätze die Anzahl und prüfe dein Ergebnis, indem du die Blumen sinnvoll bündelst.

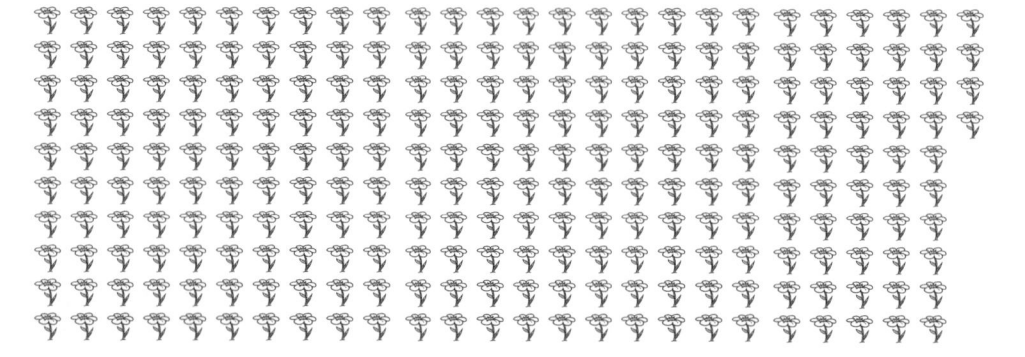

geschätzt
_____

tatsächlich
_____

Name _____ Datum _____ Blatt 8

SPIEL: STERN-SPIEL

2 – 4 Mitspieler   **Material:** • ein Spielfeld in DIN-A4-Größe und ein Würfel
• je Spieler: ein bunter Spielstein und ein Taschenrechner

Spielanleitung:

Reihum würfeln die Spieler eine Zahl und ziehen entsprechend viele Felder vor.
Wer auf einem Feld mit einer Rechenaufgabe landet, löst sie mit dem Taschenrechner und zieht um die angezeigte Anzahl Felder weiter.
Wer auf einem Stern landet, geht 5 Felder zurück.
Wer als erster das Feld mit dem Taschenrechner erreicht, hat gewonnen.

🖩	43	☆ 42	31	151 − 149 = 30	19	79 − 75 = 18	7	6		
53	606 − 604 = 44	118 − 116 = 41	☆ 32	29	88 − 86 = 20	17	101 − 97 = 8	5		
777 − 776 = 52	☆ 45	555 − 549 = 40	203 − 199 = 33	171 − 168 = 28	21	763 − 761 = 16	142 − 136 = 9	16 − 11 = 4		
☆ 51	300 − 294 = 46	39	311 − 302 = 34	201 − 196 = 27	22	15	10	☆ 3		
202 − 198 = 50	47	416 − 415 = 38	35	26	139 − 136 = 23	14	18 − 14 = 11	47 − 39 = 2		
49	818 − 815 = 48	☆ 37	506 − 499 = 36	25	☆ 24	25 − 19 = 13	12	Start 1		

ZAHLEN BIS 1000

LERNEINHEIT 2
Zahlen schreiben
Zahlwörter
Zahlenmuster
Taschenrechner
Bündeln
Abakus
Stellenwert

Lernziele

Die Schülerinnen und Schüler

- benutzen Bündelmaterial und andere Hilfsmittel, um so Schritt für Schritt den Aufbau des Zahlensystems zu verstehen.

- erzeugen und stellen Zahlenmuster dar, die auf Wiederholung oder einfachem Zählen basieren.

- zählen – ausgehend von einer beliebigen Zahl – in 1er-, 10er- und 100er-Schritten vorwärts wie rückwärts im Zahlenraum bis 1000.

- ordnen natürliche Zahlen bis 1000.

- benutzen einen Taschenrechner zur Darstellung und Ermittlung von Zahlen.

- zählen, vergleichen und ordnen Mengen bis 1000, stellen sie in Ziffern und Buchstaben dar und kennen den Stellenwert der einzelnen Ziffern.

- kommentieren von ihnen selbst oder anderen bewirkte Anzeigen des Taschenrechners.

- sortieren und beschreiben Objekte mit ihren Eigenschaften wie Größe und Gestalt.

- erzeugen, benennen und schreiben auf unterschiedliche Art die Zahlen bis 1000.

Arbeitsblätter

1 **Größte und kleinste Zahl** – aus drei gegebenen Ziffern die größte und kleinste Zahl bilden; Zahlwörter schreiben; Zahlen in Ziffern schreiben

2 **Stellenwert** – eine Hunderter-Zehner-Einer-Tabelle ergänzen; Zahlwörter in Ziffern ausdrücken; fehlende Zahlen einfügen

3 **500 – 600 erforschen** – mithilfe des Taschenrechners Zahlenmuster entdecken
  * Taschenrechner, Buntstifte

4 **Zahlen anordnen** – passende Zahlen durch Sortieren nach der Größe zuordnen

5 **Rechenschieber** – Zahlen vom Abakus ablesen; Abakus-Darstellung für eine gegebene Zahl zeichnen; Abakus-Darstellung und Zahl einander zuordnen
  * Buntstifte

6 **Zahlenaufbau** – Bündeldarstellung lesen; Zahlen zu Bündelungen schreiben; Bündelungen für Zahlen bilden

7 **Test**

Weiterführende Übungen

- Dreistellige Zahlen mit dem Rechenschieber darstellen und in Dezimalen zerlegen.

- „Ich sehe was, was du nicht siehst" als Zahlenspiel. Es wird geraten, bis jemand die richtige Zahl trifft.

- Die Zahlen auf leeren Lebensmittelpackungen und Konservendosen besprechen und die Dosengrößen vergleichen.

- Dreistellige Zahlen auf Sportseiten finden und zum Unterrichtsgegenstand machen, z.B. Punktetabellen und Längen von Rad- und anderen Rennen.

- Dreistellige Zahlen in Katalogen suchen, besprechen und auf unterschiedliche Art darstellen.

- „Bingo" als Zahlenspiel. Den Schülerinnen und Schülern je ein Blatt mit 16 Kästchen geben. Die Zahlen 500–515 nennen; die Schülerinnen und Schüler schreiben diese in zufälliger Anordnung in ihre 16 Kästchen. Die Zahlen 500–515 nochmals sagen; die Schülerinnen und Schüler kreisen jede aufgerufene Zahl ein. Wer als erster eine Reihe von vier Zahlen hat (senkrecht oder waagerecht) hat gewonnen.

Hinweise

- Das Stellenwertprinzip muss gründlich verstanden sein.

Name _____ Datum _____ Blatt 1

GRÖSSTE UND KLEINSTE ZAHL

1 Ordne die Ziffern so an, dass sie die größtmögliche und die kleinstmögliche dreistellige Zahl bilden.

Ziffern	größte Zahl	kleinste Zahl	Ziffern	größte Zahl	kleinste Zahl
9, 1, 8			8, 1, 6		
7, 9, 8			5, 5, 3		
2, 4, 6			4, 9, 1		
6, 3, 2			7, 6, 3		
1, 7, 0			8, 8, 8		

2 Schreibe die folgenden Zahlen in Buchstaben. Prüfe, welche der folgenden Wörter du dazu benutzen kannst.

> eins, zwei, drei, vier, fünf, sechs, sieben, acht, neun, zehn, elf, zwölf, dreizehn, vierzehn, fünfzehn, sechzehn, siebzehn, achtzehn, neunzehn, zwanzig, dreißig, vierzig, fünfzig, sechzig, siebzig, achtzig, neunzig, hundert

a 872 _____
b 451 _____
c 986 _____
d 244 _____
e 153 _____
f 747 _____

3 Schreibe jede Zahl mit Ziffern.

a sechshundertsechsundneunzig
b vierhundertzweiundzwanzig
c achthundertfünfundfünfzig
d dreihundertsiebenundachtzig
e neunhundertdreiunddreißig
f zweihundertsieben

N. Bauer/J. Tertini/J. Fay: Mathe lernen • Best.-Nr. 450 © Brigg Pädagogik Verlag GmbH, Augsburg

Name _____ Datum _____ Blatt 2

STELLENWERT

1 Schreibe folgende Zahlen in die Tabelle.

Hunderter	Zehner	Einer

a neunhundertsechsundfünfzig
b hunderteinundzwanzig
c fünfhundertfünfunddreißig
d achthundertneunundvierzig
e zweihundertzweiundneunzig
f sechshundertsechsundsechzig
g vierhundertvierundvierzig
h siebenhundertneunundachtzig

2 Schreibe die Zahlen mit Ziffern.

a drei Hunderter und acht Zehner _____
b neun Hunderter, sechs Zehner und vier Einer _____
c fünf Hunderter, zwei Zehner und neun Einer _____
d acht Hunderter, neun Zehner und drei Einer _____
e neun Hunderter und zwei Einer _____
f ein Hunderter, neun Zehner und neun Einer _____

3 Trage die fehlenden Zahlen ein.

a ____, 372, 373, ____, ____   b ____, ____, 997, 998, ____
c 524, ____, 526, ____, 528   d 156, 157, ____, 159, ____
e 160, 170, ____, ____, ____   f 999, ____, 997, ____, ____
g 100, ____, 300, ____, 500   h 900, 800, ____, ____, 500

4 Erfinde selbst einige Ergänzungsaufgaben und lasse sie jemanden lösen.

a _____, _____, _____, _____, _____, _____
b _____, _____, _____, _____, _____, _____
c _____, _____, _____, _____, _____, _____
d _____, _____, _____, _____, _____, _____

Name _____ Datum _____ Blatt 3

500–600 ERFORSCHEN

1

501	502	503	504	505	506	507	508	509	510
511	512	513	514	515	516	517	518	519	520
521	522	523	524	525	526	527	528	529	530
531	532	533	534	535	536	537	538	539	540
541	542	543	544	545	546	547	548	549	550
551	552	553	554	555	556	557	558	559	560
561	562	563	564	565	566	567	568	569	570
571	572	573	574	575	576	577	578	579	580
581	582	583	584	585	586	587	588	589	590
591	592	593	594	595	596	597	598	599	600

a Welche Zahl ist um eins größer als 587? _____

b Welche Zahl ist um eins kleiner als 562? _____

c Welche Zahl ist um zehn größer als 510? _____

d Welche Zahl ist um zehn kleiner als 595? _____

e Welche Zahl ist um zwei größer als 551? _____

f Welche Zahl ist um drei größer als 523? _____

g Welche Zahl ist um drei kleiner als 586? _____

2 Setze die Folgen fort:

a 501, 502, 503, ____, ____, ____.   **b** 510, 520, 530, ____, ____, ____.

c 600, 599, 598, ____, ____, ____.   **d** 505, 515, 525, ____, ____, ____.

3 Rechne mit dem Taschenrechner.

501	502	503	504	505	506	507	508	509	510
511	512	513	514	515	516	517	518	519	520
521	522	523	524	525	526	527	528	529	530
531	532	533	534	535	536	537	538	539	540
541	542	543	544	545	546	547	548	549	550
551	552	553	554	555	556	557	558	559	560
561	562	563	564	565	566	567	568	569	570
571	572	573	574	575	576	577	578	579	580
581	582	583	584	585	586	587	588	589	590
591	592	593	594	595	596	597	598	599	600

a Male die 510 rot an und gib 510 in den Taschenrechner ein. Gib $+$ 10 $=$ ein und male die 520 rot an. Gib immer wieder $+$ 10 $=$ und male die Ergebnisse rot an.

b Kreuze die 505 an und gib 505 in den Taschenrechner ein. Gib $+$ 5 $=$ ein und kreuze 510 an. Gib immer wieder $+$ 5 $=$ ein und kreuze die Ergebnisse an.

4 Rechne mit dem Taschenrechner.

501	502	503	504	505	506	507	508	509	510
511	512	513	514	515	516	517	518	519	520
521	522	523	524	525	526	527	528	529	530
531	532	533	534	535	536	537	538	539	540
541	542	543	544	545	546	547	548	549	550
551	552	553	554	555	556	557	558	559	560
561	562	563	564	565	566	567	568	569	570
571	572	573	574	575	576	577	578	579	580
581	582	583	584	585	586	587	588	589	590
591	592	593	594	595	596	597	598	599	600

a Gib 501 in den Taschenrechner ein. Gib $+$ 6 $=$ ein und male das Ergebnis blau an. Du solltest jetzt bei 507 sein. Führe die folgenden Anweisungen aus und male die Ergebnisse blau an.

$+$ 3 $=$	$+$ 4 $=$	$-$ 2 $=$
$+$ 10 $=$	$+$ 8 $=$	$+$ 10 $=$
$-$ 5 $=$	$+$ 7 $=$	$+$ 10 $=$
$+$ 6 $=$	$+$ 10 $=$	$+$ 9 $=$

Name _____ Datum _____ Blatt 4

ZAHLEN ANORDNEN

1 Schreibe das richtige Gewicht auf jede Dose.

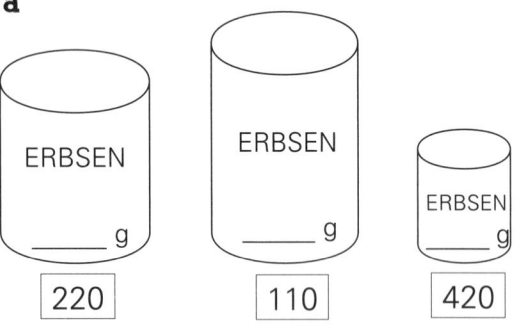

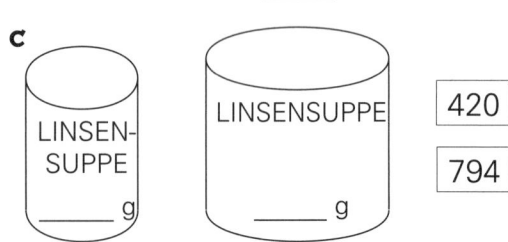

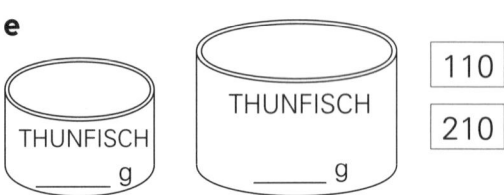

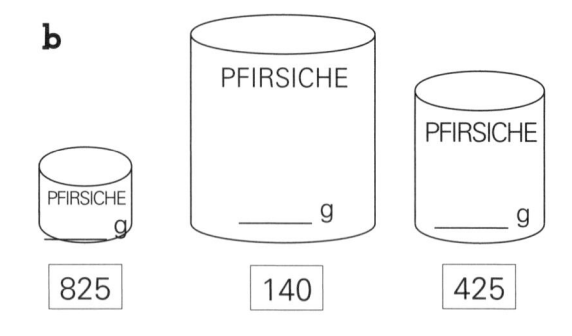

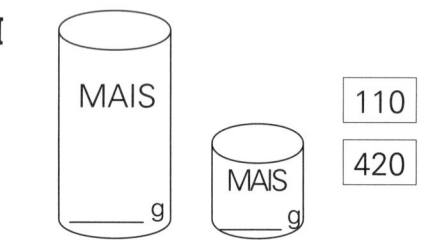

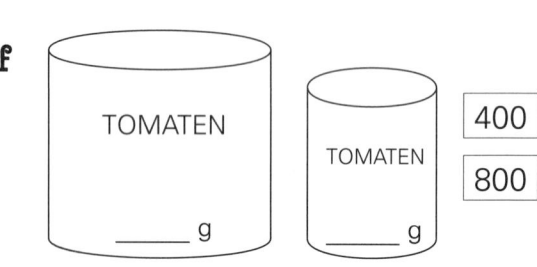

a
ERBSEN ____ g 220
ERBSEN ____ g 110
ERBSEN ____ g 420

b
PFIRSICHE ____ g 825
PFIRSICHE ____ g 140
PFIRSICHE ____ g 425

c
LINSEN-SUPPE ____ g
LINSENSUPPE ____ g
420
794

d
MAIS ____ g
MAIS ____ g
110
420

e
THUNFISCH ____ g
THUNFISCH ____ g
110
210

f
TOMATEN ____ g
TOMATEN ____ g
400
800

2 Nummeriere die Dosen mit den Zahlen 1 – 10 durch, vom kleinsten bis zum größten Gewicht. Wenn mehrere Dosen das gleiche Gewicht haben, dann gib ihnen die gleiche Nummer.

3 a Welche Dose ist am schwersten?

_____

b Welche Dosen sind am leichtesten?

_____

c Welche Dosen wiegen 420 g oder mehr?

_____

Name _____ **Datum** _____ **Blatt 5**

RECHENSCHIEBER

1 Trage die Zahlen ein.

a | b | c

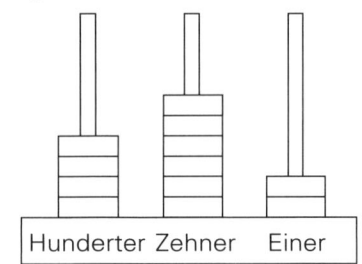

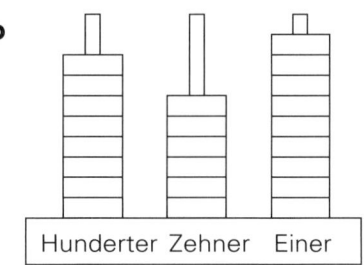

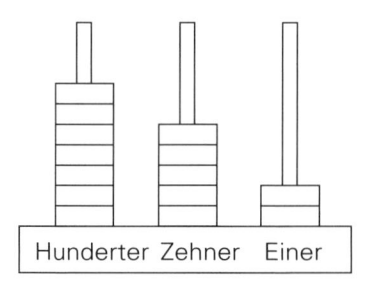

Hunderter Zehner Einer

d | e | f

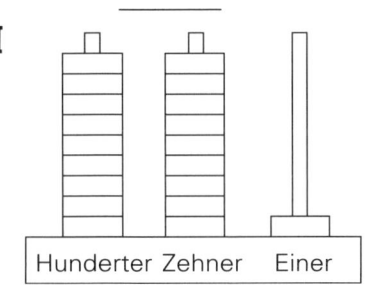

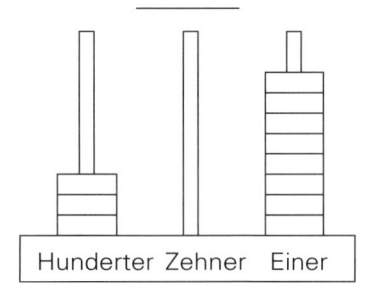

Hunderter Zehner Einer

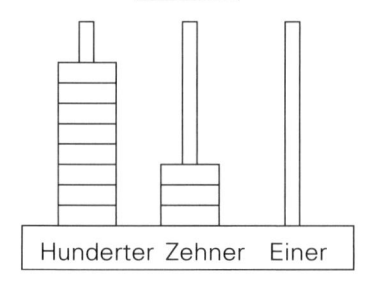

2 Stelle die folgenden Zahlen dar.

a | b | c

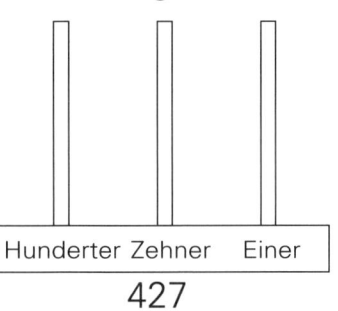

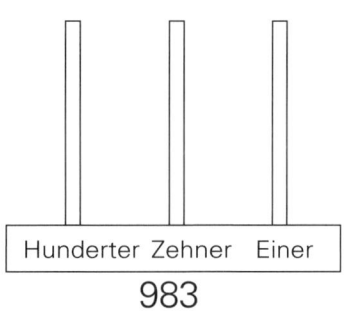

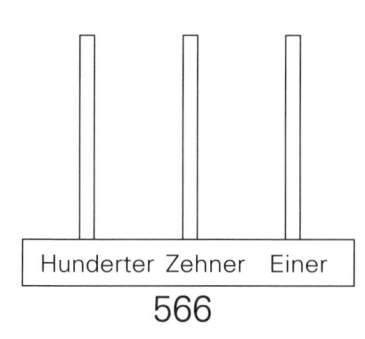

Hunderter Zehner Einer

427 | 983 | 566

3 Male den Rechenschieber und die passende Zahl in der gleichen Farbe an.

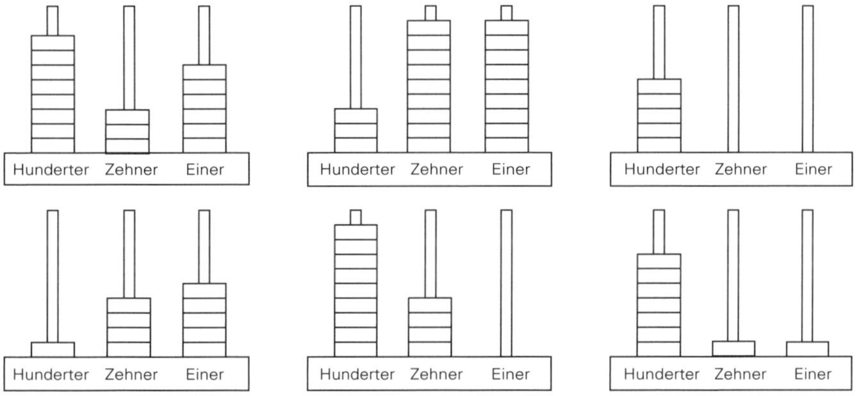

| 940 |
| 500 |
| 711 |
| 836 |
| 145 |
| 399 |

N. Bauer/J. Tertini/J. Fay: Mathe lernen • Best.-Nr. 450 © Brigg Pädagogik Verlag GmbH, Augsburg

ZAHLENAUFBAU

1 Setze die richtigen Zahlen in die Kästchen ein.

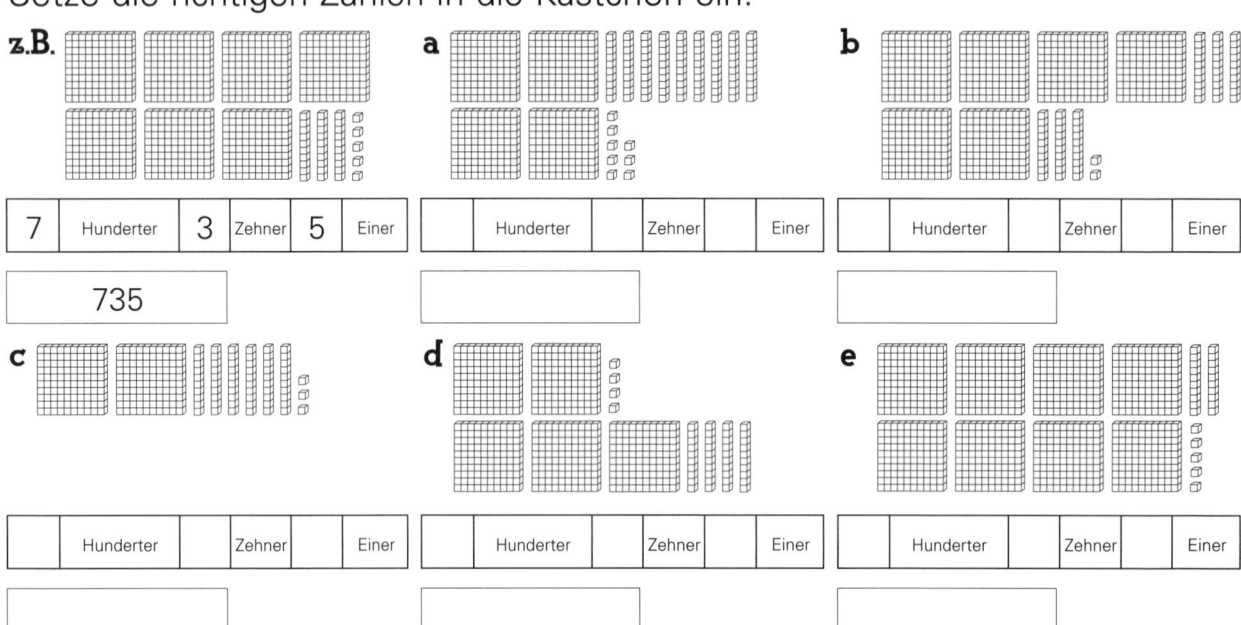

z.B. | 7 | Hunderter | 3 | Zehner | 5 | Einer |

735

a | | Hunderter | | Zehner | | Einer |

b | | Hunderter | | Zehner | | Einer |

c | | Hunderter | | Zehner | | Einer |

d | | Hunderter | | Zehner | | Einer |

e | | Hunderter | | Zehner | | Einer |

2 Schreibe für jede Zerlegung die Zahl auf.

a | 5 | Hunderter | 3 | Zehner | 6 | Einer |

b | 8 | Hunderter | 6 | Zehner | 4 | Einer |

c | 2 | Hunderter | 7 | Zehner | 3 | Einer |

d | 6 | Hunderter | 8 | Zehner | 1 | Einer |

3 Gib die Zerlegung für die folgenden Zahlen an.

a 999

b 634

c 256

d 873

e 138

f 581

Name _____ Datum _____ Blatt 7

TEST: ZAHLEN BIS 1000

1 Schreibe jede Zahl mit Ziffern.
  a zweihundertvierundfünfzig _____
  b sechshundertsechsundachtzig _____
  c vierhundertzweiundvierzig _____
  d achthundertzehn _____

2 Schreibe die Ziffern in die Tabelle.

Hunderter	Zehner	Einer

  a neun Hunderter, sechs Zehner und vier Einer
  b sechs Hunderter, acht Zehner und zwei Einer
  c drei Hunderter, vier Zehner und neun Einer
  d zwei Hunderter, neun Zehner und fünf Einer

3 Trage die fehlenden Zahlen ein.
  a _____, 150, _____, 152, _____   b 413, _____, _____, _____, 417
  c 199, _____, 197, _____, _____   d 860, _____, 862, _____, _____

4 Ordne die Zahlen der Größe nach. Benutze dazu die Zahlen 1 bis 10.

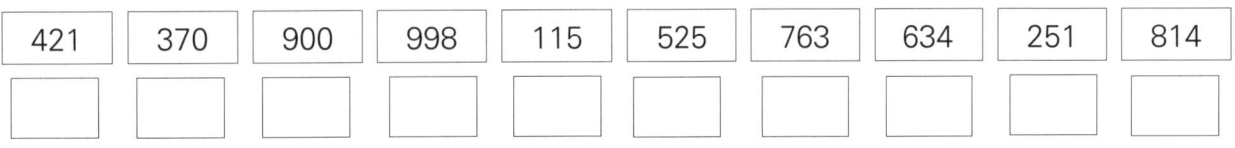

421	370	900	998	115	525	763	634	251	814

5 Welche Zahl wird auf dem Rechenschieber dargestellt?
  a   b   c

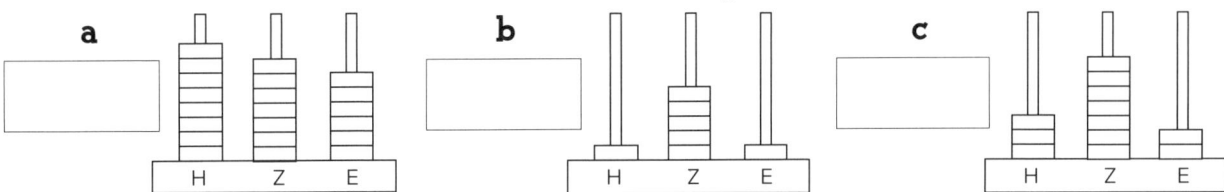

6 Trage die Zahlen ein.
  a | 8 Hunderter | 5 Zehner | 3 Einer |
  b | 3 Hunderter | 9 Zehner | 0 Einer |

7 Gib die Zerlegung an.
  a 737
  b 173

LÖSUNGEN

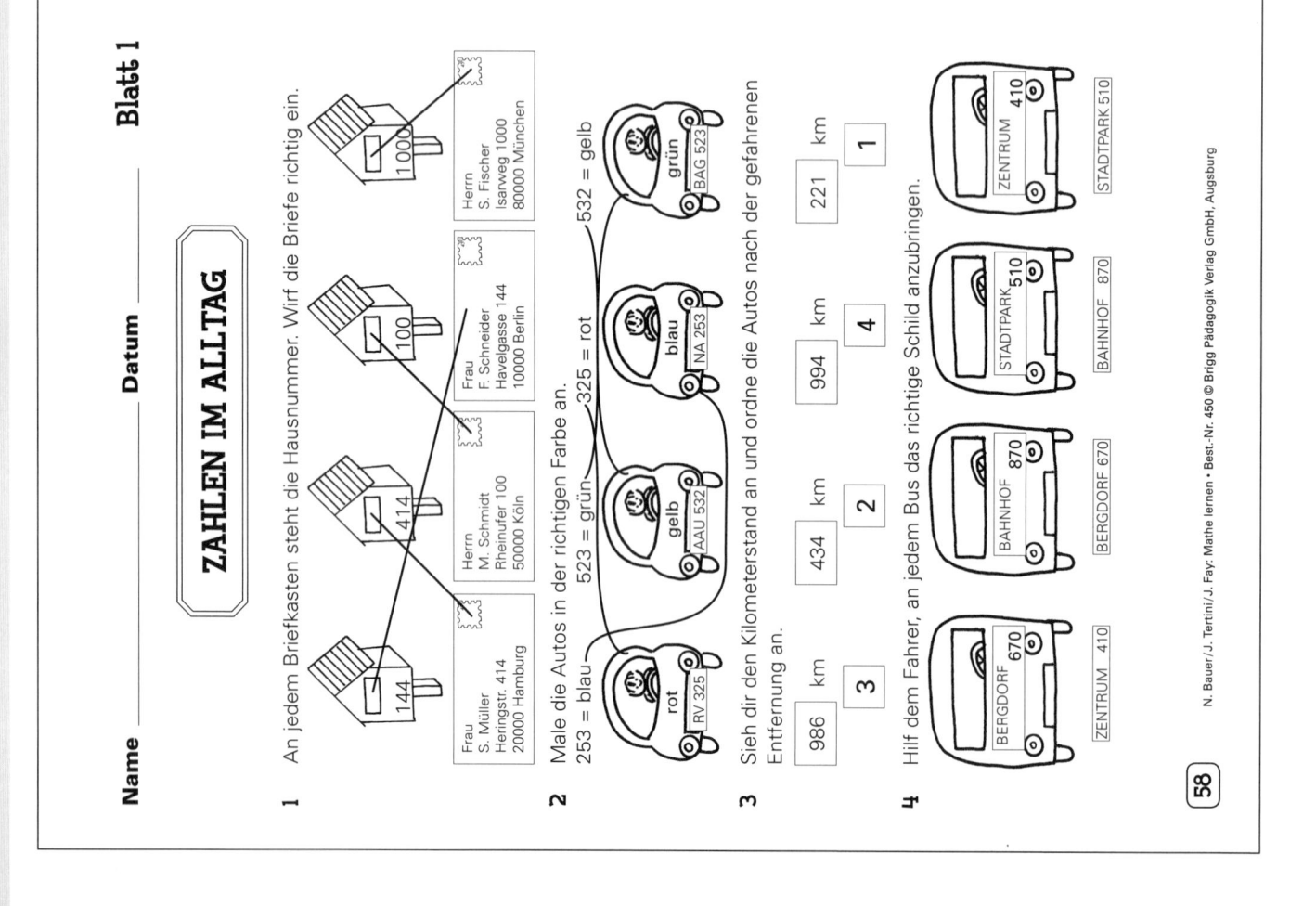

Blatt 2 — SCHÄTZEN

1 Schätze jeweils die Anzahl und prüfe dann durch Zählen nach.

a geschätzt _____ tatsächlich 270

b geschätzt _____ tatsächlich 310

2 Schätze die Anzahl und kreise dann Mengen ein, um zu prüfen. Zeichne weitere Häuser, um die Gesamtzahl 200 zu erreichen.

geschätzt _____

3 Zeichne auf der Rückseite mehr als 100 gleiche Dinge (z.B. Kreise, Punkte). Zähle sie, indem du immer 10 von ihnen einkreist.

insgesamt _____   geschätzt _____   tatsächlich 189

Blatt 1 — ZAHLEN IM ALLTAG

1 An jedem Briefkasten steht die Hausnummer. Wirf die Briefe richtig ein.

- 144 → Frau S. Müller, Heringstr. 414, 20000 Hamburg
- 414 → Herrn M. Schmidt, Rheinufer 100, 50000 Köln
- 100 → Frau F. Schneider, Havelgasse 144, 10000 Berlin
- 1000 → Herrn S. Fischer, Isarweg 1000, 80000 München

2 Male die Autos in der richtigen Farbe an.

- 253 = blau
- 523 = grün
- 325 = rot
- 532 = gelb

RV 325 = rot, AAU 532 = gelb, NA 253 = blau, BAG 523 = grün

3 Sieh dir den Kilometerstand an und ordne die Autos nach der gefahrenen Entfernung an.

986 km	434 km	994 km	221 km
3	2	4	1

4 Hilf dem Fahrer, an jedem Bus das richtige Schild anzubringen.

- BERGDORF 670 → ZENTRUM 410
- BAHNHOF 870 → BERGDORF 670
- STADTPARK 510 → BAHNHOF 870
- ZENTRUM 410 → STADTPARK 510

LÖSUNGEN

Blatt 4

HUNDERTER

1 Schreibe jeweils die Anzahl als Wort (Buchstaben) und als Zahl (Ziffern) und male die passende Menge von Blöcken an. Ein Block enthält 100 Einer.

a hundert / einhundert 100 ___ 100
b sechshundert 600 ___ 600
c vierhundert 400 ___ 400
d neunhundert 900 ___ 900
e fünfhundert 500 ___ 500
f zweihundert 200 ___ 200
g achthundert 800 ___ 800
h tausend / eintausend 1000 ___ 1000
i dreihundert 300 ___ 300
j siebenhundert 700 ___ 700

61

Blatt 3

HUNDERTER ZÄHLEN

1 Verbinde die Punkte in der richtigen Reihenfolge und male das Bild an.

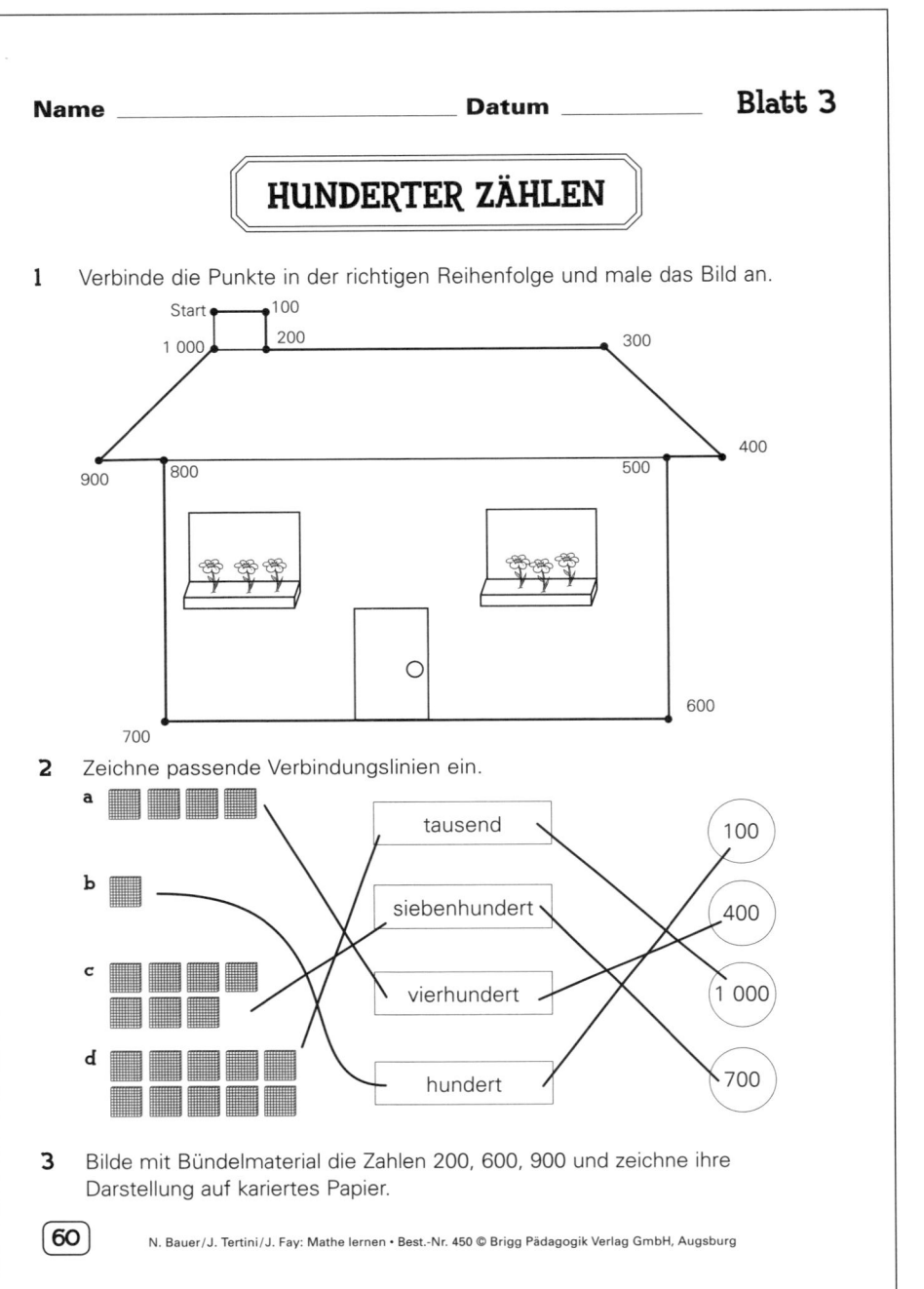

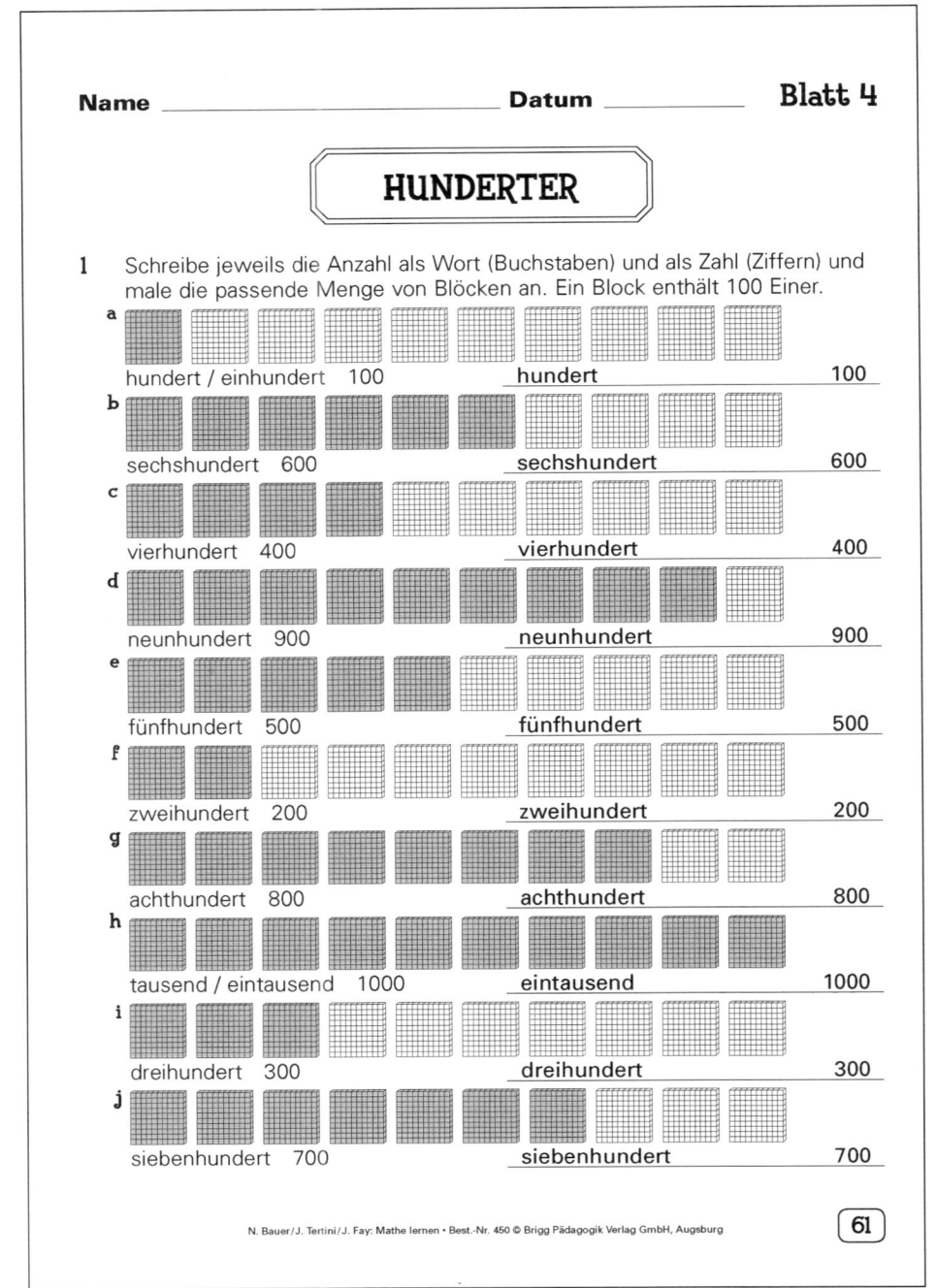

Start 100, 200, 300, 400, 500, 600, 700, 800, 900, 1 000

2 Zeichne passende Verbindungslinien ein.

a — tausend
b — hundert
c — siebenhundert
d — vierhundert

(100, 400, 1 000, 700 zugeordnet)

3 Bilde mit Bündelmaterial die Zahlen 200, 600, 900 und zeichne ihre Darstellung auf kariertes Papier.

60

LÖSUNGEN

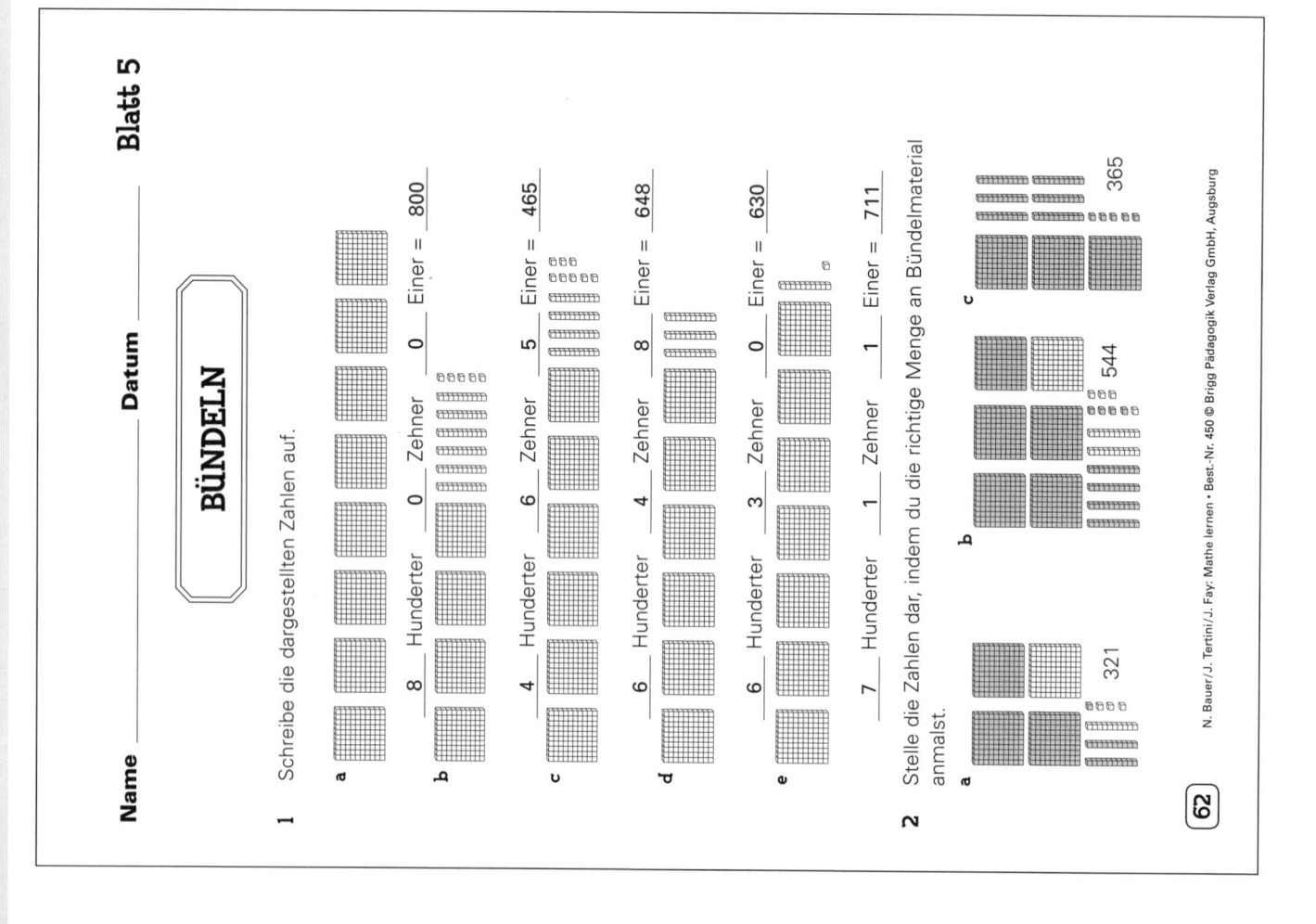

Blatt 6 — PREISE

1 Hilf dem Verkäufer, die Gegenstände richtig einzuordnen. Schneide sie unten aus und klebe sie in das richtige Fach.

1€–99€	100€–199€	200€–299€	300€–399€	400€–499€
Dreirad	Schubkarre	Tisch	Bett	Schrank

500€–599€	600€–699€	700€–799€	800€–899€	900€–999€
Stereoanlage	Kühlschrank	Tisch und Stühle	Waschmaschine	Sofa

2 a Welcher Gegenstand ist am billigsten? **Dreirad** Er kostet **39 €**
b Welcher Gegenstand ist am teuersten? **Sofa** Er kostet **999 €**

Dreirad 39€ Bett 399€ Kühlschrank 699€ Tisch 279€ Waschmaschine 859€ Sofa 999€ Schubkarre 109€ Schrank 469€ Tisch und Stühle 719€ Stereoanlage 509€

Blatt 5 — BÜNDELN

1 Schreibe die dargestellten Zahlen auf.

a 8 Hunderter 0 Zehner 0 Einer = 800
b 4 Hunderter 6 Zehner 5 Einer = 465
c 6 Hunderter 4 Zehner 8 Einer = 648
d 6 Hunderter 3 Zehner 0 Einer = 630
e 7 Hunderter 1 Zehner 1 Einer = 711

2 Stelle die Zahlen dar, indem du die richtige Menge an Bündelmaterial anmalst.

a 321   b 544   c 365

LÖSUNGEN

Name _____ Datum _____ Blatt 1

GRÖSSTE UND KLEINSTE ZAHL

1 Ordne die Ziffern so an, dass sie die größtmögliche und die kleinstmögliche dreistellige Zahl bilden.

Ziffern	größte Zahl	kleinste Zahl	Ziffern	größte Zahl	kleinste Zahl
9, 1, 8	981	189	8, 1, 6	861	168
7, 9, 8	987	789	5, 5, 3	553	355
2, 4, 6	642	246	4, 9, 1	941	149
6, 3, 2	632	236	7, 6, 3	763	367
1, 7, 0	710	107	8, 8, 8	888	888

2 Schreibe die folgenden Zahlen in Buchstaben. Prüfe, welche der folgenden Wörter du dazu benutzen kannst.

eins, zwei, drei, vier, fünf, sechs, sieben, acht, neun, zehn, elf, zwölf, dreizehn, vierzehn, fünfzehn, sechzehn, siebzehn, achtzehn, neunzehn, zwanzig, dreißig, vierzig, fünfzig, sechzig, siebzig, achtzig, neunzig, hundert

a 872   achthundertzweiundsiebzig
b 451   vierhunderteinundfünfzig
c 986   neunhundertsechsundachtzig
d 244   zweihundertvierundvierzig
e 153   einhundertdreiundfünfzig
f 747   siebenhundertsiebenundvierzig

3 Schreibe jede Zahl mit Ziffern.

a sechshundertsechsundneunzig   692
b vierhundertzweiundzwanzig   422
c achthundertfünfundfünfzig   855
d dreihundertsiebenundachtzig   387
e neunhundertdreiunddreißig   933
f zweihundertsieben   207

Name _____ Datum _____ Blatt 7

TEST: ZAHLEN BIS 1000

1 Schreibe die Zahlen.

a 6 Hunderter 3 Zehner 5 Einer = 635
b 5 Hunderter 5 Zehner 1 Einer = 551

2 Male die richtige Anzahl der Kästchen bunt aus.

a 611
b 373

3 Zähle die Hunderter-Blöcke.

a Hunderter 3
b Hunderter 6
c Hunderter 9

4 Schätze die Anzahl und prüfe dein Ergebnis, indem du die Blumen sinnvoll bündelst.

geschätzt _____
tatsächlich 254

LÖSUNGEN

Blatt 2 — STELLENWERT

1 Schreibe folgende Zahlen in die Tabelle.

	Hunderter	Zehner	Einer
a neunhundertsechsundfünfzig	9	5	6
b hunderteinundzwanzig	1	2	1
c fünfhundertfünfunddreißig	5	3	5
d achthundertneunundvierzig	8	4	9
e zweihundertzweiundneunzig	2	9	2
f sechshundertsechsundsechzig	6	6	6
g vierhundertvierundvierzig	4	4	4
h siebenhundertneunundachtzig	7	8	9

2 Schreibe die Zahlen mit Ziffern.

a drei Hunderter und acht Zehner __380__
b neun Hunderter, sechs Zehner und vier Einer __964__
c fünf Hunderter, zwei Zehner und neun Einer __529__
d acht Hunderter, neun Zehner und drei Einer __893__
e neun Hunderter und zwei Einer __902__
f ein Hunderter, neun Zehner und neun Einer __199__

3 Trage die fehlenden Zahlen ein.

a __371__, 372, 373, __374__, 375
b __995__, 996, 997, 998, __999__
c 524, __525__, 526, __527__, 528
d 156, 157, __158__, 159, __160__
e 160, 170, __180__, __190__, __200__
f __999__, __998__, 997, __996__, 995
g 100, __200__, 300, __400__, 500
h 900, 800, __700__, __600__, 500

4 Erfinde selbst einige Ergänzungsaufgaben und lasse sie jemanden lösen.

a ____
b ____
c ____
d ____

Blatt 3 — 500–600 ERFORSCHEN

1
a Welche Zahl ist um eins größer als 587? __588__
b Welche Zahl ist um eins kleiner als 562? __561__
c Welche Zahl ist um zehn größer als 510? __520__
d Welche Zahl ist um zehn kleiner als 595? __585__
e Welche Zahl ist um zwei größer als 551? __553__
f Welche Zahl ist um drei größer als 523? __526__
g Welche Zahl ist um drei kleiner als 586? __583__

501	502	503	504	505	506	507	508	509	510
511	512	513	514	515	516	517	518	519	520
521	522	523	524	525	526	527	528	529	530
531	532	533	534	535	536	537	538	539	540
541	542	543	544	545	546	547	548	549	550
551	552	553	554	555	556	557	558	559	560
561	562	563	564	565	566	567	568	569	570
571	572	573	574	575	576	577	578	579	580
581	582	583	584	585	586	587	588	589	590
591	592	593	594	595	596	597	598	599	600

2 Setze die Folgen fort:
a 501, 502, 503, __504__, __505__, __506__.
b 510, 520, 530, __540__, __550__, __560__.
c 600, 599, 598, __597__, __596__, __595__.
d 505, 515, 525, __535__, __545__, __555__.

3 Rechne mit dem Taschenrechner.

a Male die 510 rot an und gib 510 in den Taschenrechner ein. Gib $+$ 10 $=$ ein und male die __520__ rot an. Gib immer wieder $+$ 10 $=$ und male die Ergebnisse rot an.

b Kreuze die 505 an und gib 505 in den Taschenrechner ein. Gib $+$ 5 $=$ ein und kreuze 510 an. Gib immer wieder $+$ 5 $=$ ein und kreuze die Ergebnisse an.

4 Rechne mit dem Taschenrechner.

a Gib 501 in den Taschenrechner ein. Gib $+$ 6 $=$ ein und male das Ergebnis blau an. Du solltest jetzt bei __507__ sein. Führe die folgenden Anweisungen aus und male die Ergebnisse blau an.

$+$ 3 $=$ $+$ 4 $=$ $-$ 2 $=$
$+$ 10 $=$ $+$ 8 $=$ $+$ 10 $=$
$-$ 5 $=$ $+$ 7 $=$ $+$ 10 $=$
$+$ 6 $=$ $+$ 10 $=$ $+$ 9 $=$

Blatt 5

RECHENSCHIEBER

1 Trage die Zahlen ein.

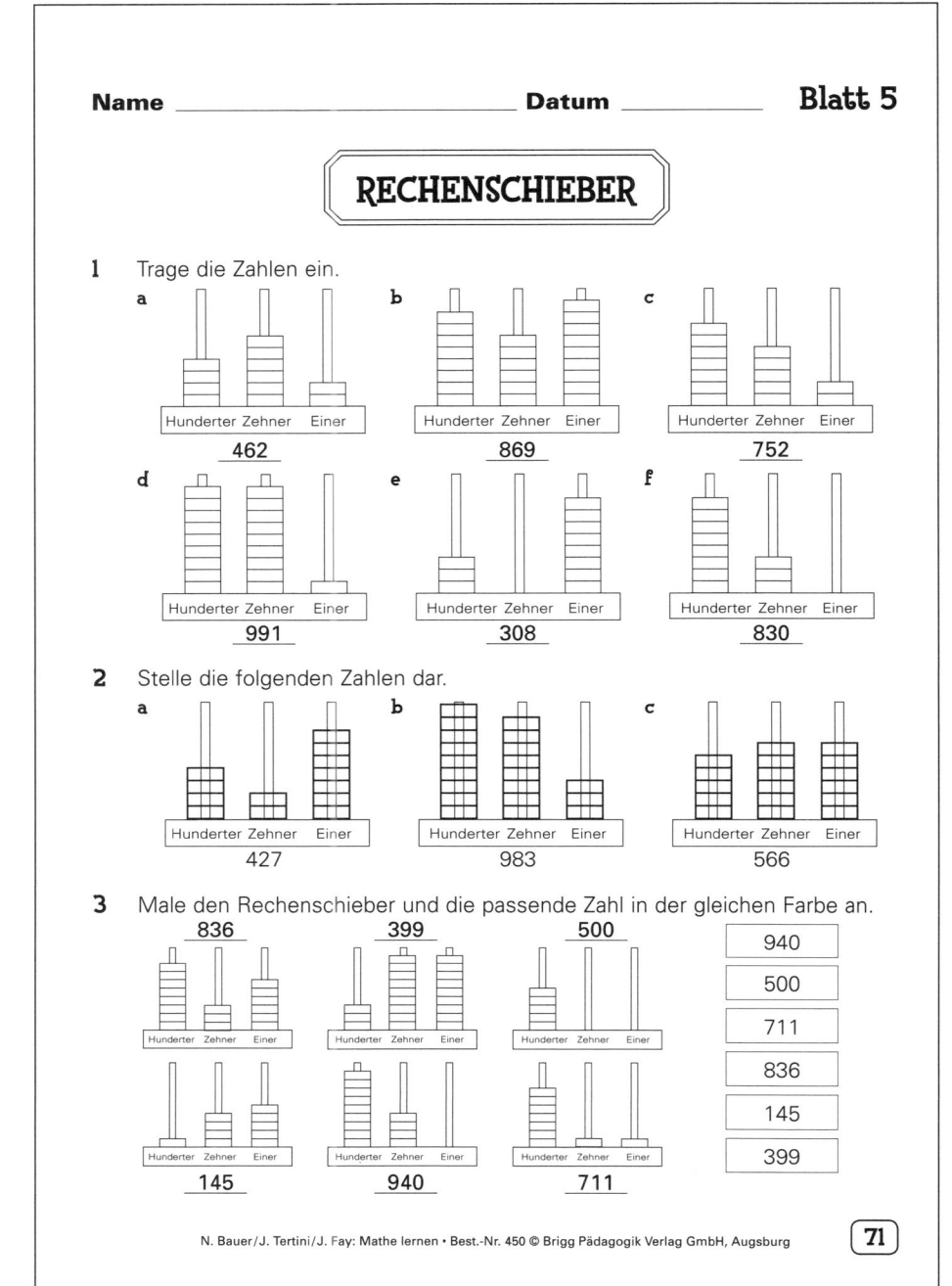

a) 462 b) 869 c) 752
d) 991 e) 308 f) 830

2 Stelle die folgenden Zahlen dar.

a) 427 b) 983 c) 566

3 Male den Rechenschieber und die passende Zahl in der gleichen Farbe an.

399 — 500 — 940
836 — 940 — 711
145 — 711 — 500
                836
                145
                399

Blatt 4

ZAHLEN ANORDNEN

1 Schreibe das richtige Gewicht auf jede Dose.

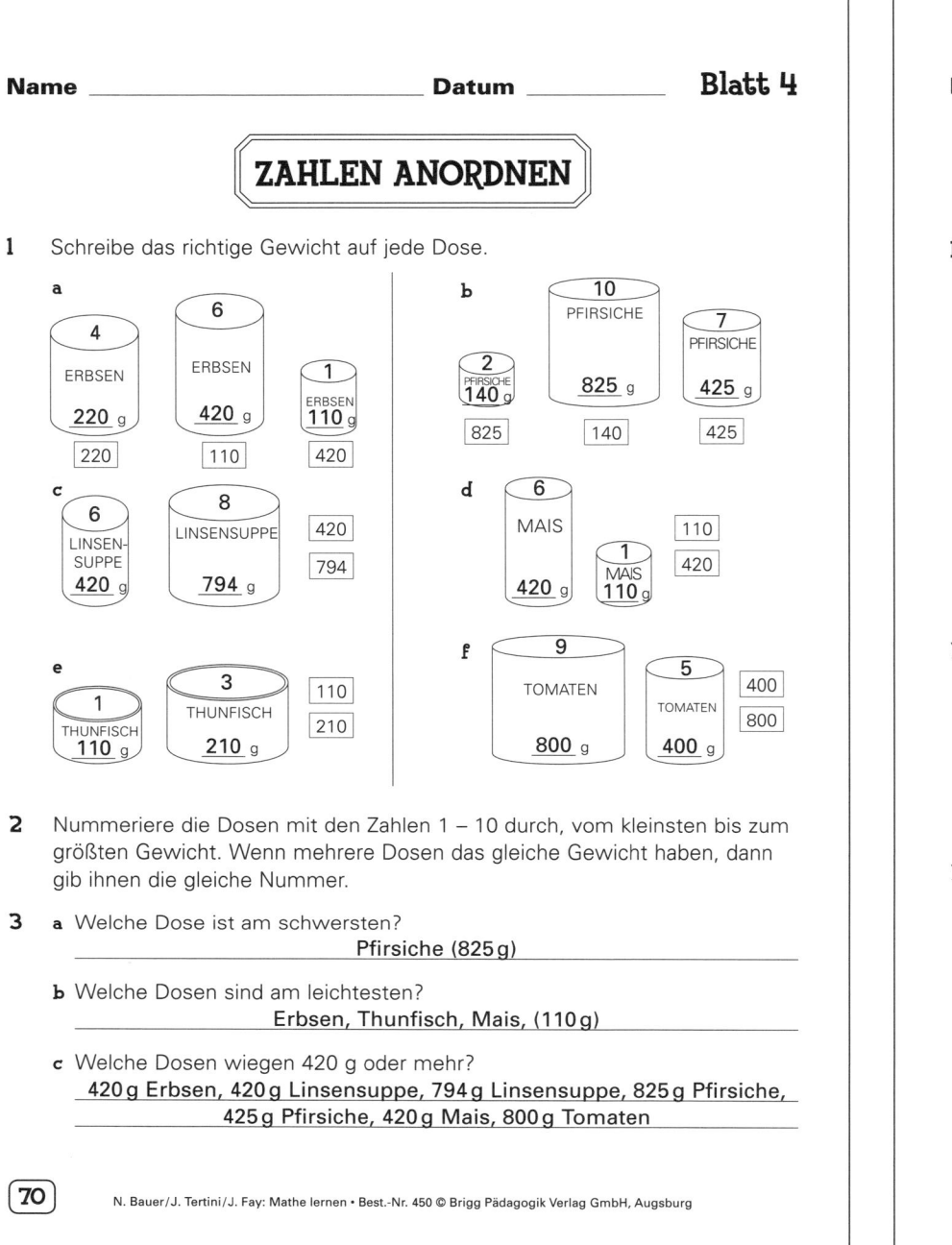

a) 4 ERBSEN 220 g — 220
b) 10 PFIRSICHE 825 g — 825; 2 PFIRSICHE 140 g — 140; 7 PFIRSICHE 425 g — 425
c) 6 LINSENSUPPE 420 g — 420; 8 LINSENSUPPE 794 g — 794; 1 ERBSEN 110 g — 110
d) 1 MAIS 110 g — 110; 6 MAIS 420 g — 420
e) 1 THUNFISCH 110 g — 110; 3 THUNFISCH 210 g — 210
f) 9 TOMATEN 800 g — 800; 5 TOMATEN 400 g — 400

2 Nummeriere die Dosen mit den Zahlen 1–10 durch, vom kleinsten bis zum größten Gewicht. Wenn mehrere Dosen das gleiche Gewicht haben, dann gib ihnen die gleiche Nummer.

3
a Welche Dose ist am schwersten?
   Pfirsiche (825 g)
b Welche Dosen sind am leichtesten?
   Erbsen, Thunfisch, Mais, (110 g)
c Welche Dosen wiegen 420 g oder mehr?
   420 g Erbsen, 420 g Linsensuppe, 794 g Linsensuppe, 825 g Pfirsiche,
   425 g Pfirsiche, 420 g Mais, 800 g Tomaten

LÖSUNGEN

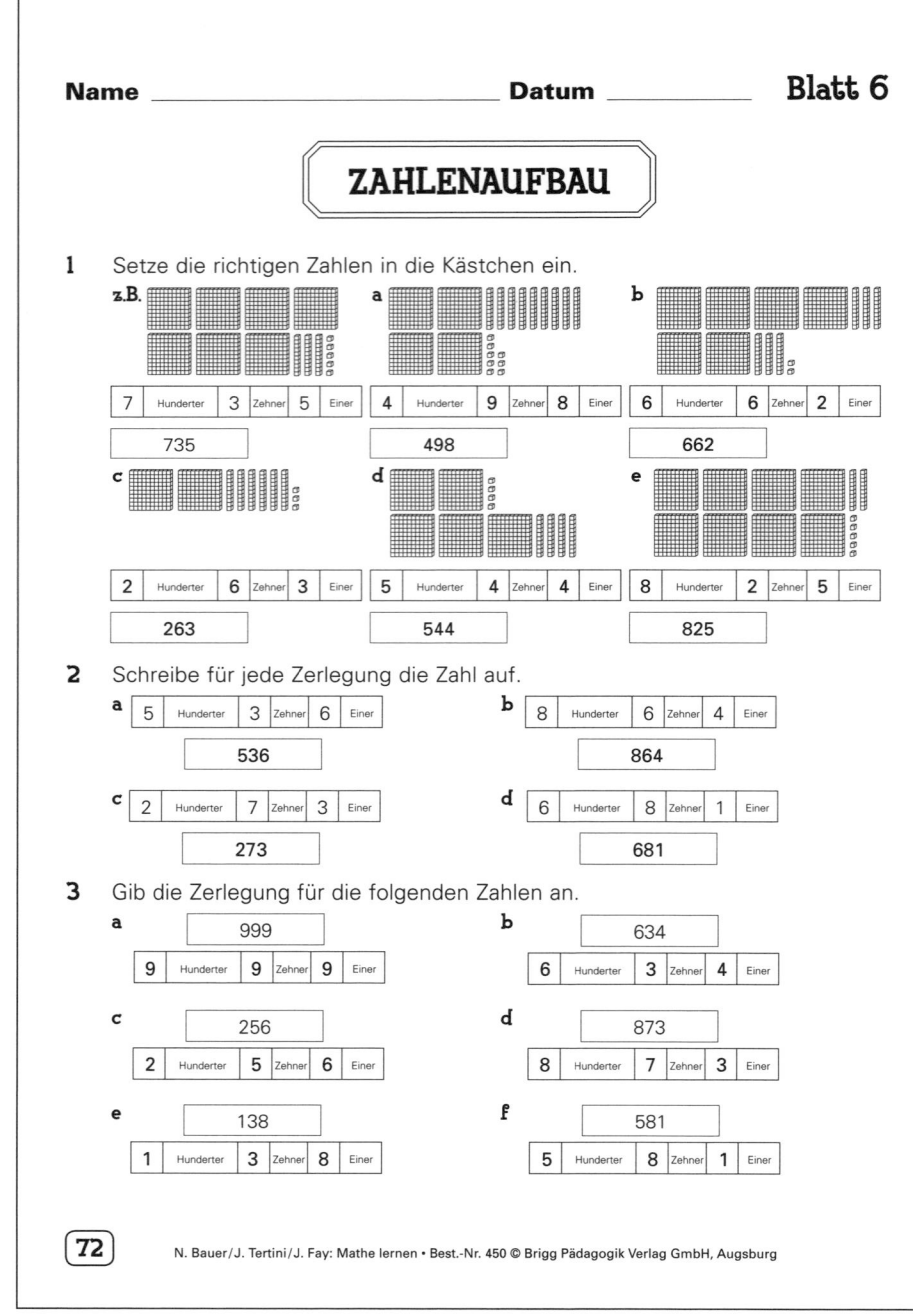

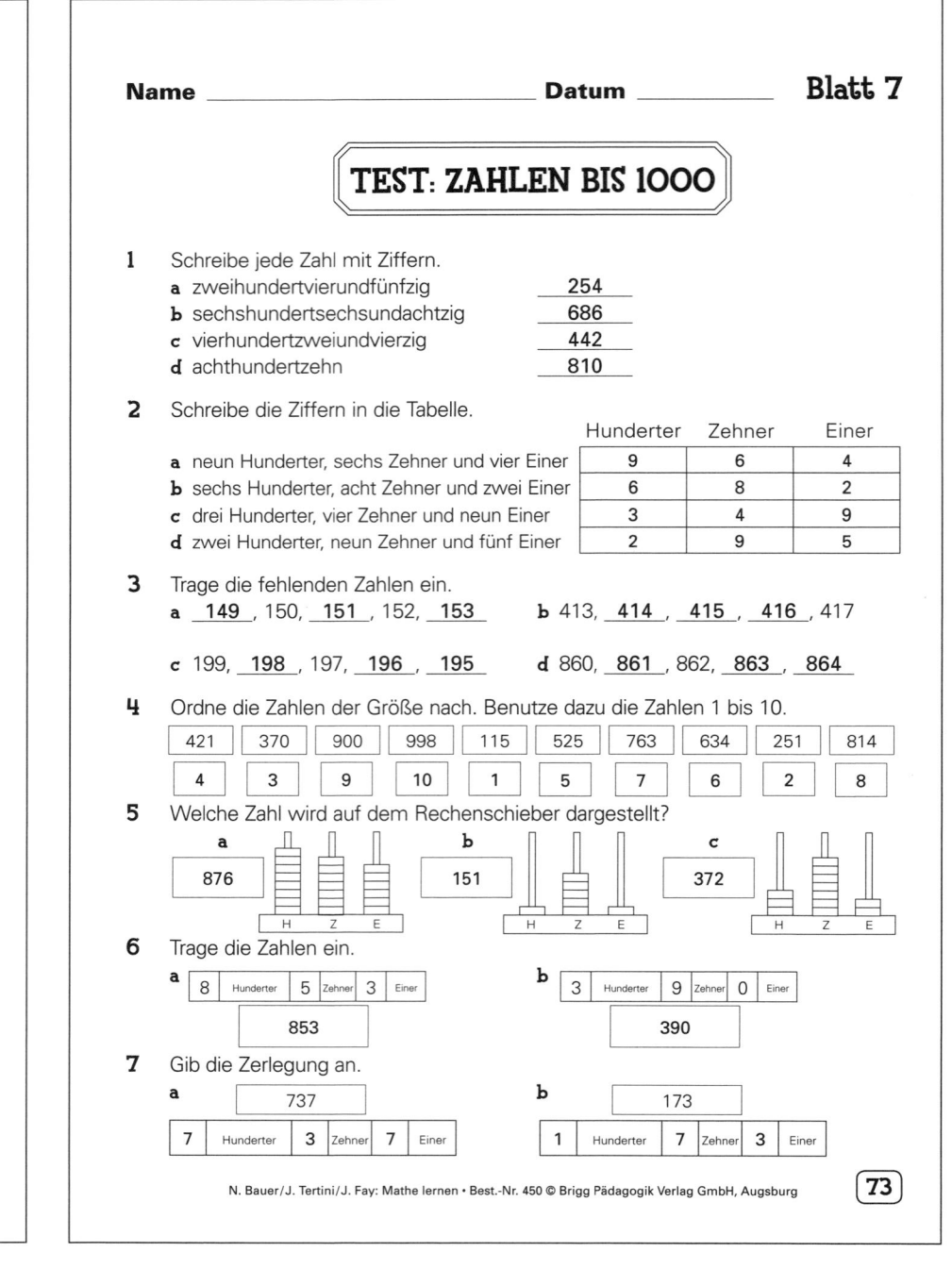

Blatt 7

Name ——— Datum ———

TEST: ZAHLEN BIS 1000

1 Schreibe jede Zahl mit Ziffern.
a zweihundertvierundfünfzig — 254
b sechshundertsechsundachtzig — 686
c vierhundertzweiundvierzig — 442
d achthundertzehn — 810

2 Schreibe die Ziffern in die Tabelle.

	Hunderter	Zehner	Einer
a neun Hunderter, sechs Zehner und vier Einer	9	6	4
b sechs Hunderter, acht Zehner und zwei Einer	6	8	2
c drei Hunderter, vier Zehner und neun Einer	3	4	9
d zwei Hunderter, neun Zehner und fünf Einer	2	9	5

3 Trage die fehlenden Zahlen ein.
a 149, 150, **151**, 152, **153**
b 413, **414**, **415**, **416**, 417
c 199, **198**, 197, **196**, **195**
d 860, **861**, 862, **863**, **864**

4 Ordne die Zahlen der Größe nach. Benutze dazu die Zahlen 1 bis 10.

| 421 | 370 | 900 | 998 | 115 | 763 | 634 | 251 | 814 |
| 4 | 3 | 9 | 10 | 1 | 5 | 7 | 6 | 2 | 8 |

5 Welche Zahl wird auf dem Rechenschieber dargestellt?
a 876 b 151 c 372

6 Trage die Zahlen ein.
a 8 Hunderter 5 Zehner 3 Einer — 853
b 3 Hunderter 9 Zehner 0 Einer — 390
c 1 Hunderter 7 Zehner 3 Einer — 173

7 Gib die Zerlegung an.
a 737 — 7 Hunderter 3 Zehner 7 Einer

Blatt 6

Name ——— Datum ———

ZAHLENAUFBAU

1 Setze die richtigen Zahlen in die Kästchen ein.
z.B. 735 — 7 Hunderter 3 Zehner 5 Einer
a 498 — 4 Hunderter 9 Zehner 8 Einer
b 662 — 6 Hunderter 6 Zehner 2 Einer
c 263 — 2 Hunderter 6 Zehner 3 Einer
d 544 — 5 Hunderter 4 Zehner 4 Einer
e 825 — 8 Hunderter 2 Zehner 5 Einer

2 Schreibe für jede Zerlegung die Zahl auf.
a 8 Hunderter 6 Zehner 4 Einer — 864
b 6 Hunderter 3 Zehner 4 Einer — 634
c 2 Hunderter 7 Zehner 3 Einer — 273
d 8 Hunderter 7 Zehner 3 Einer — 873
e 1 Hunderter 3 Zehner 8 Einer — 138
f 5 Hunderter 8 Zehner 1 Einer — 581

3 Gib die Zerlegung für die folgenden Zahlen an.
a 999 — 9 Hunderter 9 Zehner 9 Einer
b 681 — 6 Hunderter 8 Zehner 1 Einer
c 256 — 2 Hunderter 5 Zehner 6 Einer

SCHÄTZEN

Diese Lerneinheit befasst sich mit dem Schätzen von Maßen und Anzahlen.

Geschätzt werden Fläche, Höhe und Länge in geeigneten Einheiten.

Die Mächtigkeit von Mengen und die Ergebnisse von Aufgaben werden vor ihrer exakten Bestimmung überschlägig ermittelt.

Die Lerneinheit enthält eine Testseite.

SCHÄTZEN

Schätzen
Zählen
Messen
Umfang
Längen vergleichen
Geld
Taschenrechner

Lernziele

Die Schülerinnen und Schüler

- *schätzen, vergleichen und sortieren in geeigneten Einheiten ausgedrückte Flächeninhalte von Figuren.*

- *erkennen und vergleichen Mächtigkeiten von Mengen mit unterschiedlichen Methoden wie Schätzen, eindeutiger Zuordnung und Zählen.*

- *überschlagen, zählen, vergleichen, ordnen und veranschaulichen Mengen mit bis zu 100 Elementen.*

- *schätzen die Anzahl der Dinge in größeren Ansammlungen, indem sie die Objekte geeignet zusammenfassen.*

- *schätzen, vergleichen, ordnen und messen in geeigneten Einheiten die Länge und den Abstand von Gegenständen.*

- *benutzen verfügbare Technik (Taschenrechner), um mathematische Grundprinzipien zu entdecken.*

- *schätzen die Reihenfolge von Dingen nach Länge, Fläche, Masse und Volumen.*

- *schätzen Längen und drücken sie in einer sich anbietenden Einheit aus.*

- *verbessern durch regelmäßiges Nachprüfen kontinuierlich ihre Fähigkeit, nach Länge, Fläche, Masse und Volumen zu ordnen.*

Arbeitsblätter

1 Fläche schätzen – Raupen auf einem Blatt unterbringen
   * Schere, Klebstoff

2 Wie viele sind es? – Mächtigkeiten schätzen und zählen

3 Mengen schätzen – zum Prüfen nachzählen
   * Buntstifte

4 Aufgaben lösen – die Schätzungen überprüfen; Summen – mit dem Taschenrechner nachrechnen; Umfänge – mit dem Lineal nachmessen
   * Taschenrechner, Lineal

5 Längen schätzen – nachmessen
   * Lineal

6 Ausgaben schätzen – nachrechnen
   * Taschenrechner

7 Test

Weiterführende Übungen

- Alle Gelegenheiten nutzen, um Größen zu schätzen und dann genau zu ermitteln.

- Einschlägige Schätzaufgaben stellen: „Wenn jeder von uns ein Buch braucht, wie viele müssen es dann insgesamt sein?"

- Geeignete Situationen zum Schätzen nutzen: Beim Backen – Muffins benötigen 20 min – schätzen, wann 20 min vergangen sind.

- Schätzungen auf unterschiedliche Art überprüfen.

- Aufgaben wie z. B. 340 + 620 stellen und den Schülern zu schätzen erlauben, dann genau addieren und die Antwort (ggf. mit dem Taschenrechner) überprüfen.

- Zeitspiele spielen; Gelegenheiten zum Abschätzen von 1 min, 5 min, 1 h usw. nutzen. Wie oft kannst du wohl in einer Minute in die Hände klatschen?

- Spiele zum Erraten von Anzahlen spielen. Aus wie vielen Scheiben besteht ein ganzes Brot? Wie viele Kekse befinden sich in einer Schachtel?

- Schätzwerte und tatsächliche Zahlen in Diagrammen darstellen; dabei in kleinen Gruppen arbeiten, die selbstständig eine Aufgabe auswählen, das Ergebnis schätzen und dann exakt ermitteln. Gruppen stellen ihre Erfahrungen der Klasse vor.

Hinweis

- Auf allen Gebieten der Mathematik Ergebnisse erst schätzen und dann exakt bestimmen.

Name _____ **Datum** _____ **Blatt 1**

FLÄCHE SCHÄTZEN

1 Was glaubst du, wie viele der Raupen auf das Blatt passen?

Ich schätze _____

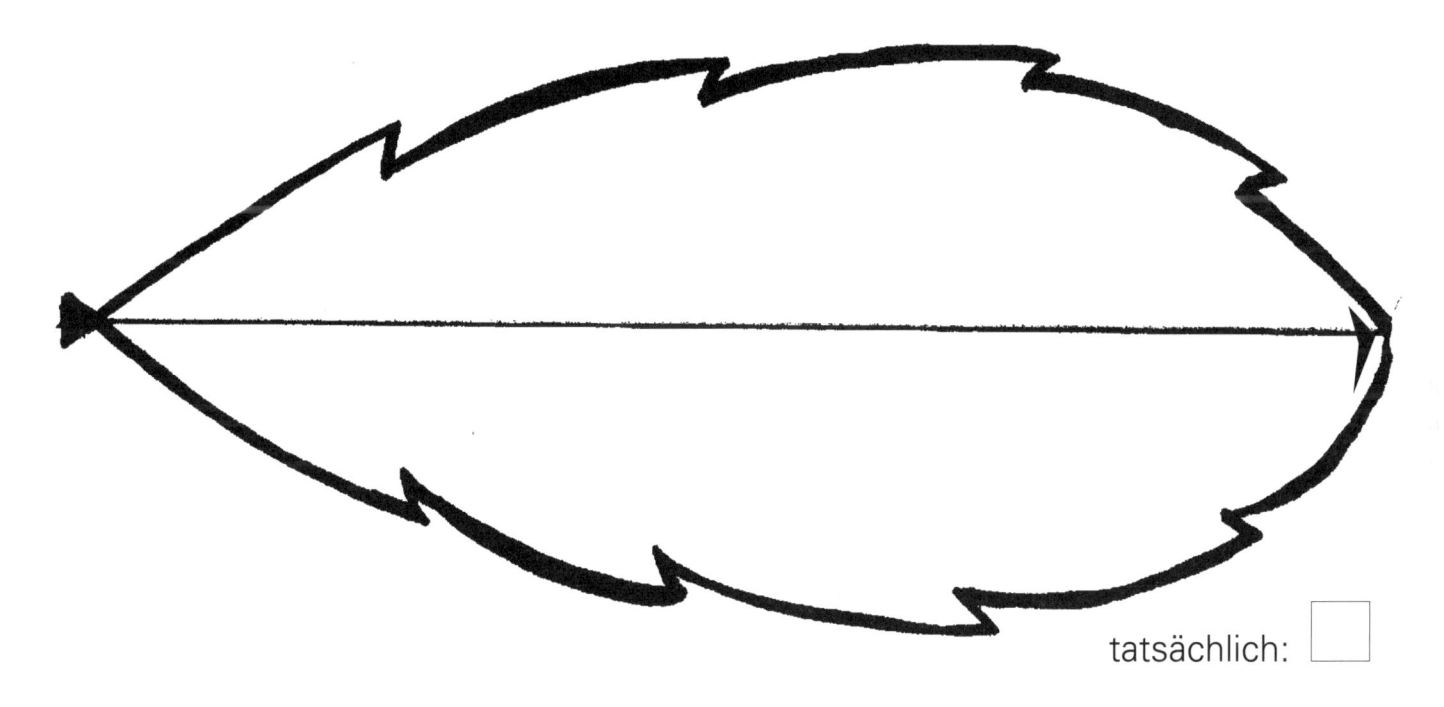

tatsächlich: ☐

2 Schneide die Raupen aus und überprüfe, wie viele auf das Blatt passen.

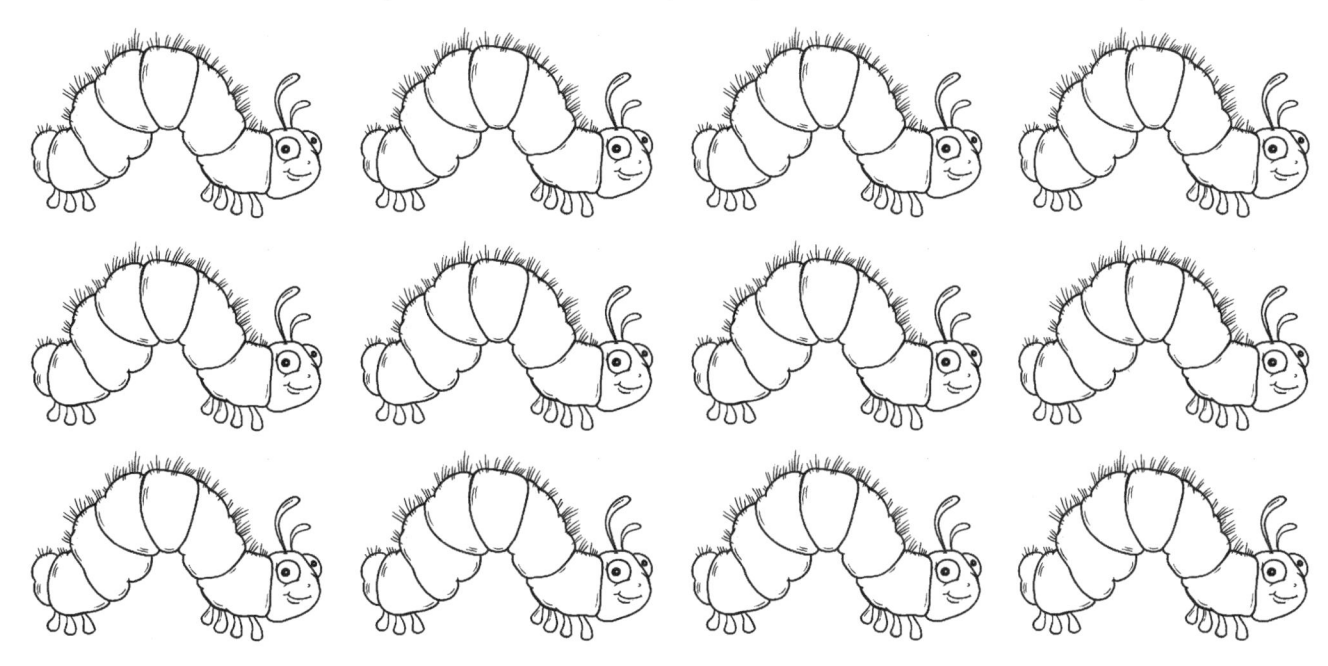

Name _____ Datum _____ Blatt 2

WIE VIELE SIND ES?

1 Schätze für jede der Mengen die Anzahl und zähle dann nach.

		geschätzt	tatsächlich
a			
b			
c			
d			
e			
f			
g			
h			

2 Kannst du die Gesamtzahl der Gegenstände auf dieser Seite schätzen?

geschätzt ☐   tatsächlich ☐

Name _____ Datum _____ Blatt 3

MENGEN SCHÄTZEN

Betrachte die Zeichnung:

1 Schätze die Anzahl.

Kaninchen _____   Schafe _____
Pilze _____   Vögel _____
Bäume _____

2 Zähle.

Kaninchen _____   **b** Pilze _____
Bäume _____   **d** Schafe _____
Kreise jeweils 10 Vögel ein und zähle die Zehnergruppen. _____
Zähle jetzt die übriggebliebenen. _____
Wie viele Vögel sind es zusammen? _____

3 Male das Bild aus.

Name _____ Datum _____ **Blatt 4**

AUFGABEN LÖSEN

1 Schätze jeweils zuerst das Ergebnis und löse dann die Aufgabe exakt.

a Im Schwimmbad sind 46 Jungen und 38 Mädchen. Wie viele Kinder sind das insgesamt?
geschätzt tatsächlich

b Auf einer Weide grasen Kühe und 27 Pferde, insgesamt sind es 56 Tiere. Wie viele Kühe sind es?
geschätzt tatsächlich

c In den 2. Klassen sind 67 Kinder 8 Jahre und 23 Kinder 7 Jahre alt. Wie viele Kinder sind es insgesamt?
geschätzt tatsächlich

d In der Pause wurden 28 Hörnchen und 16 Rosinenbrötchen verkauft. Wie viele Hörnchen und Rosinenbrötchen sind das zusammen?
geschätzt tatsächlich

2 Schätze jeweils zuerst das Ergebnis und löse dann die Aufgabe mit dem Taschenrechner.

geschätzt tatsächlich   geschätzt tatsächlich

a 67 − 24 =   **b** 6 · 24 =
c 89 + 13 =   **d** 19 − 9 =
e 12 − 4 =   **f** 36 + 14 =

3 Schätze jeweils den Umfang des Rechtecks und miss dann nach. Gib dein Ergebnis in cm an.

a

geschätzt tatsächlich

b

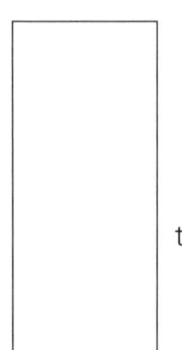

geschätzt

tatsächlich

c

geschätzt tatsächlich

Name _____ **Datum** _____ **Blatt 5**

LÄNGEN SCHÄTZEN

1 Schätze jeweils die Höhe des Bildes und prüfe dann nach.

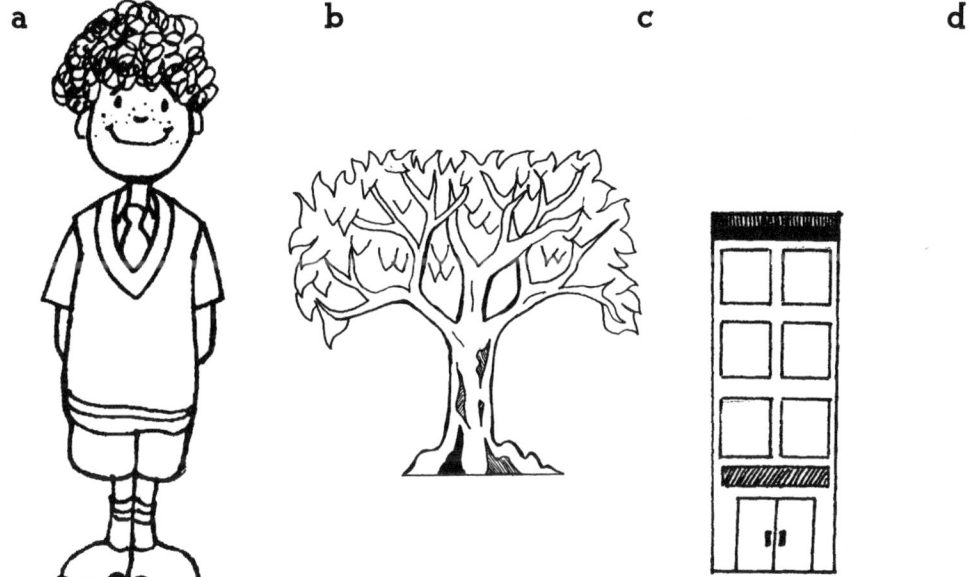

a   b   c   d

geschätt: _____   geschätzt: _____   geschätzt: _____   geschätzt: _____

tatsächlich: _____   tatsächlich: _____   tatsächlich: _____   tatsächlich: _____

2 Verbinde jede Kette mit einem Schätzwert. Wie lang (in mm) sind die Ketten tatsächlich?

Kette	Schätzwert (cm)	tatsächlich (mm)
	2	_____
	4	_____
	5	_____
	6	_____
	7	_____
	8	_____
	10	_____
	11	_____

Name _____ Datum _____ **Blatt 6**

AUSGABEN SCHÄTZEN

1 Vier Kinder besuchen den Zoo. Schätze, wie viel Geld jedes ausgibt.

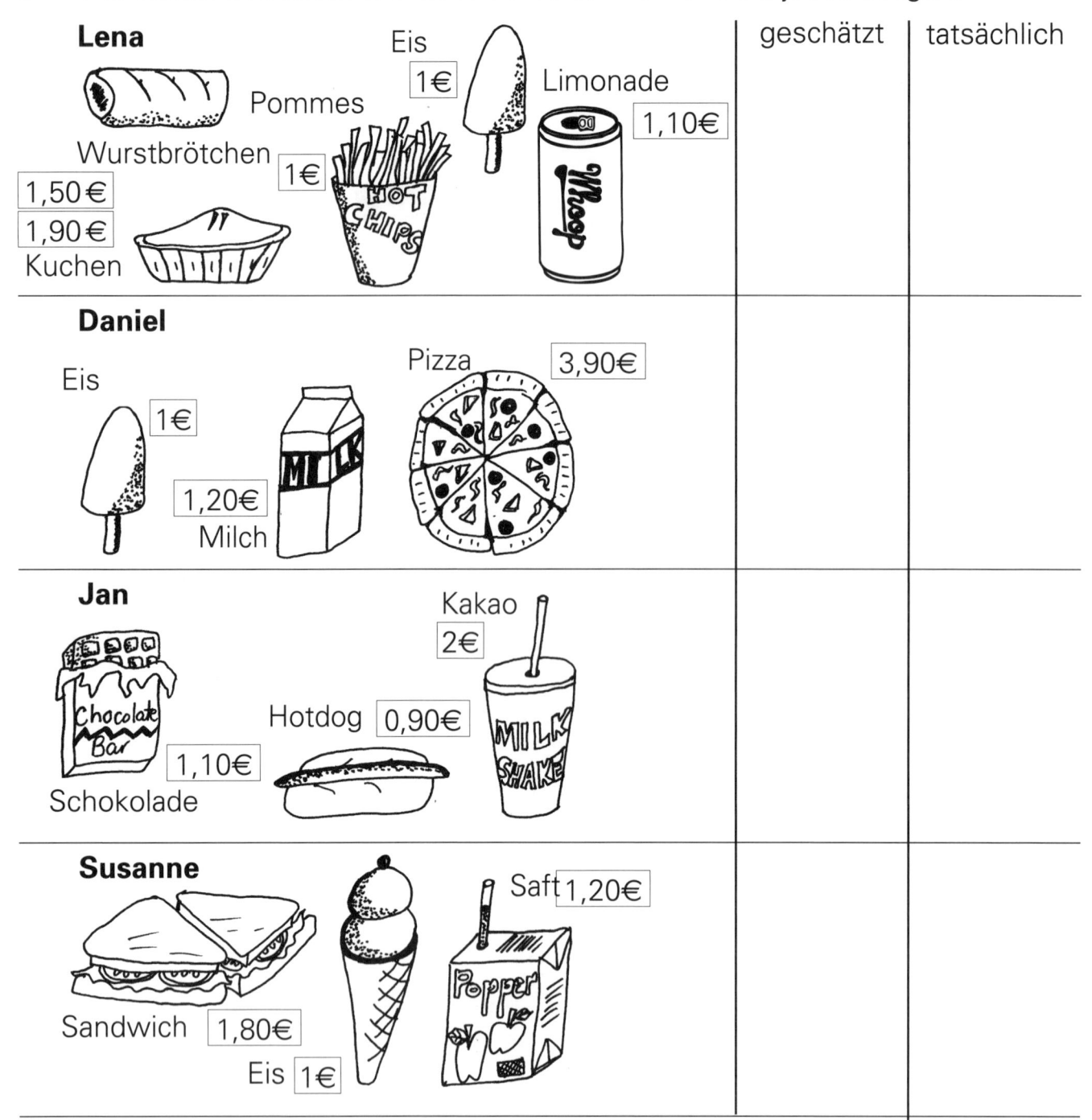

	geschätzt	tatsächlich
Lena — Wurstbrötchen 1,50€, Kuchen 1,90€, Pommes 1€, Eis 1€, Limonade 1,10€		
Daniel — Eis 1€, Milch 1,20€, Pizza 3,90€		
Jan — Schokolade 1,10€, Hotdog 0,90€, Kakao 2€		
Susanne — Sandwich 1,80€, Eis 1€, Saft 1,20€		

2 Prüfe die Ergebnisse mit dem Taschenrechner nach.

3 Wie viel Geld haben sie alle zusammen ausgegeben?

geschätzt _____ tatsächlich _____

Name _____ **Datum** _____ **Blatt 7**

TEST: SCHÄTZEN

1 Schätze die Länge der Blätter und miss dann nach.

a geschätzt ☐ tatsächlich ☐   **b** geschätzt ☐ tatsächlich ☐

c geschätzt ☐ tatsächlich ☐   **d** geschätzt ☐ tatsächlich ☐

2 Schätze die Ergebnisse der folgenden Aufgaben und rechne dann genau.

a Katrin hat 5 € und erhält noch 9 € dazu. Wie viel Geld hat sie jetzt?
geschätzt _____
tatsächlich _____

b Wenn Peter von seinen 30 Murmeln 17 verloren hat, wie viele hat er dann noch?
geschätzt _____
tatsächlich _____

c Ein Schnur ist 20 m lang und Tom schneidet 11 m ab. Wie viele Meter Schnur behält Tom übrig?
geschätzt _____
tatsächlich _____

d In Petras Garten wachsen 43 Tulpen und 23 Narzissen. Wie viele Blumen sind das insgesamt?
geschätzt _____
tatsächlich _____

3 Schätze zuerst die Ergebnisse und prüfe sie dann mit dem Taschenrechner nach.

a 96 − 42 =
geschätzt _____
tatsächlich _____

b 27 + 34 =
geschätzt _____
tatsächlich _____

c 5 · 14 =
geschätzt _____
tatsächlich _____

d 71 + 25 =
geschätzt _____
tatsächlich _____

e 29 − 15 =
geschätzt _____
tatsächlich _____

f 89 − 72 =
geschätzt _____
tatsächlich _____

LÖSUNGEN

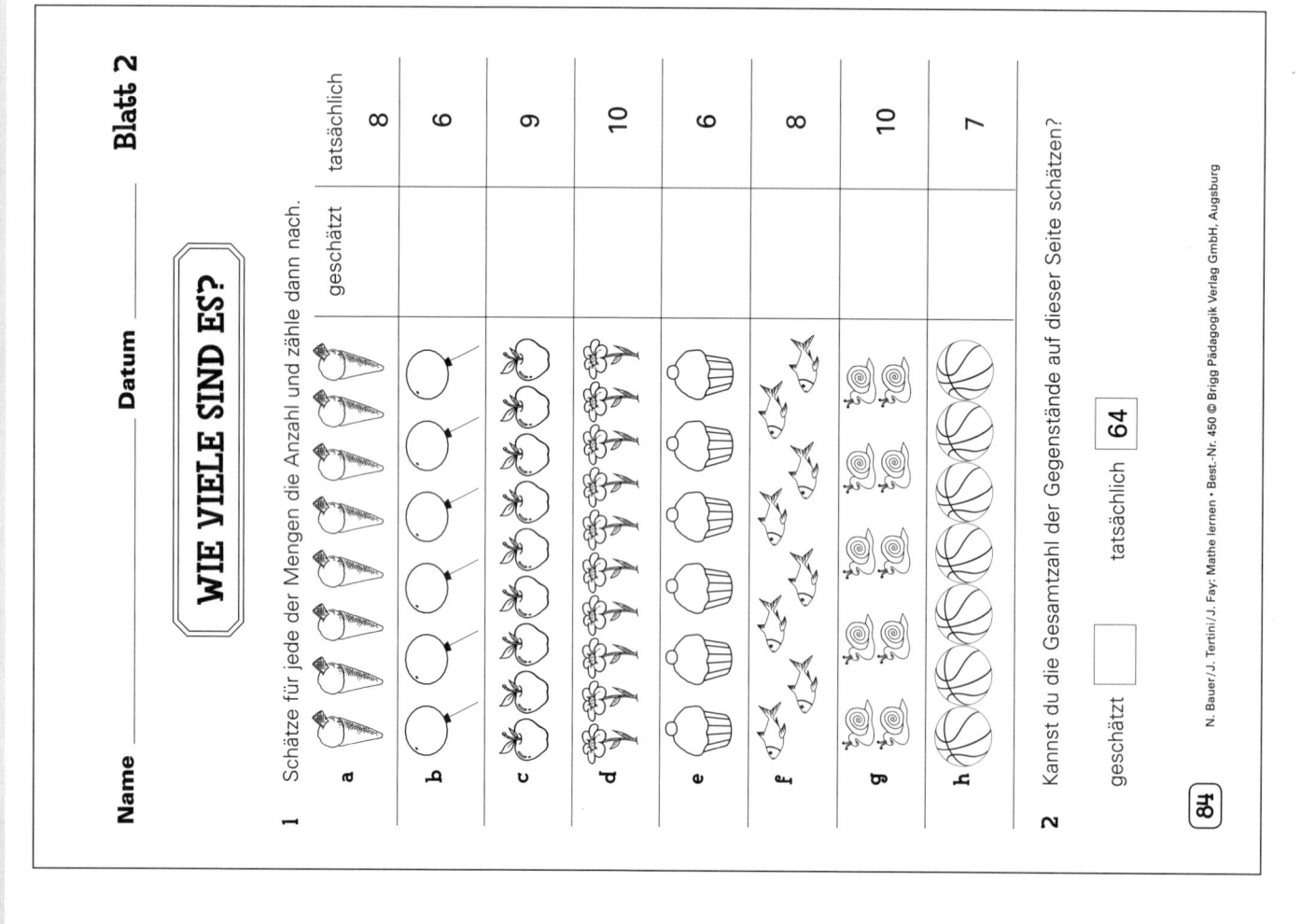

Blatt 3 — MENGEN SCHÄTZEN

Betrachte die Zeichnung:

1 Schätze die Anzahl.
   Kaninchen ____
   Pilze ____
   Bäume ____

2 Zähle.
   Kaninchen ___4___
   Bäume ___16___
   b Pilze ___9___
   d Schafe ___27___

   Kreise jeweils 10 Vögel ein und zähle die Zehnergruppen. ___5___
   Zähle jetzt die übriggebliebenen. ___7___
   Wie viele Vögel sind es zusammen? ___75___

3 Male das Bild aus.

Schafe ____
Vögel ____

Blatt 2 — WIE VIELE SIND ES?

1 Schätze für jede der Mengen die Anzahl und zähle dann nach.

	geschätzt	tatsächlich
a		8
b		6
c		9
d		10
e		6
f		8
g		10
h		7

2 Kannst du die Gesamtzahl der Gegenstände auf dieser Seite schätzen?

geschätzt ____   tatsächlich ___64___

LÖSUNGEN

Blatt 5 — LÄNGEN SCHÄTZEN

1 Schätze jeweils die Höhe des Bildes und prüfe dann nach.

a geschätzt: ___ tatsächlich: **8 cm**
b geschätzt: ___ tatsächlich: **6 cm**
c geschätzt: ___ tatsächlich: **5 cm**
d geschätzt: ___ tatsächlich: **4 cm**

2 Verbinde jede Kette mit einem Schätzwert. Wie lang (in mm) sind die Ketten tatsächlich?

Schätzwert (cm)	tatsächlich (mm)
2	62
4	38
5	20
6	84
7	50
8	72
10	107
11	96

Blatt 4 — AUFGABEN LÖSEN

1 Schätze jeweils zuerst das Ergebnis und löse dann die Aufgabe exakt.

a Im Schwimmbad sind 46 Jungen und 38 Mädchen. Wie viele Kinder sind das insgesamt?
tatsächlich: **84**

b Auf einer Weide grasen Kühe und 27 Pferde, insgesamt sind es 56 Tiere. Wie viele Kühe sind es?
tatsächlich: **29**

c In den 2. Klassen sind 67 Kinder 8 Jahre und 23 Kinder 7 Jahre alt. Wie viele Kinder sind es insgesamt?
tatsächlich: **90**

d In der Pause wurden 28 Hörnchen und 16 Rosinenbrötchen verkauft. Wie viele Hörnchen und Rosinenbrötchen sind das zusammen?
tatsächlich: **44**

2 Schätze jeweils zuerst das Ergebnis und löse dann die Aufgabe mit dem Taschenrechner.

a 67 − 24 = **43**
b 6 · 24 = **144**
c 89 + 13 = **102**
d 19 − 9 = **10**
e 12 − 4 = **8**
f 36 + 14 = **50**

3 Schätze jeweils den Umfang des Rechtecks und miss dann nach. Gib dein Ergebnis in cm an.

a tatsächlich **16 cm**
b tatsächlich **14 cm**
c tatsächlich **20 cm**

LÖSUNGEN

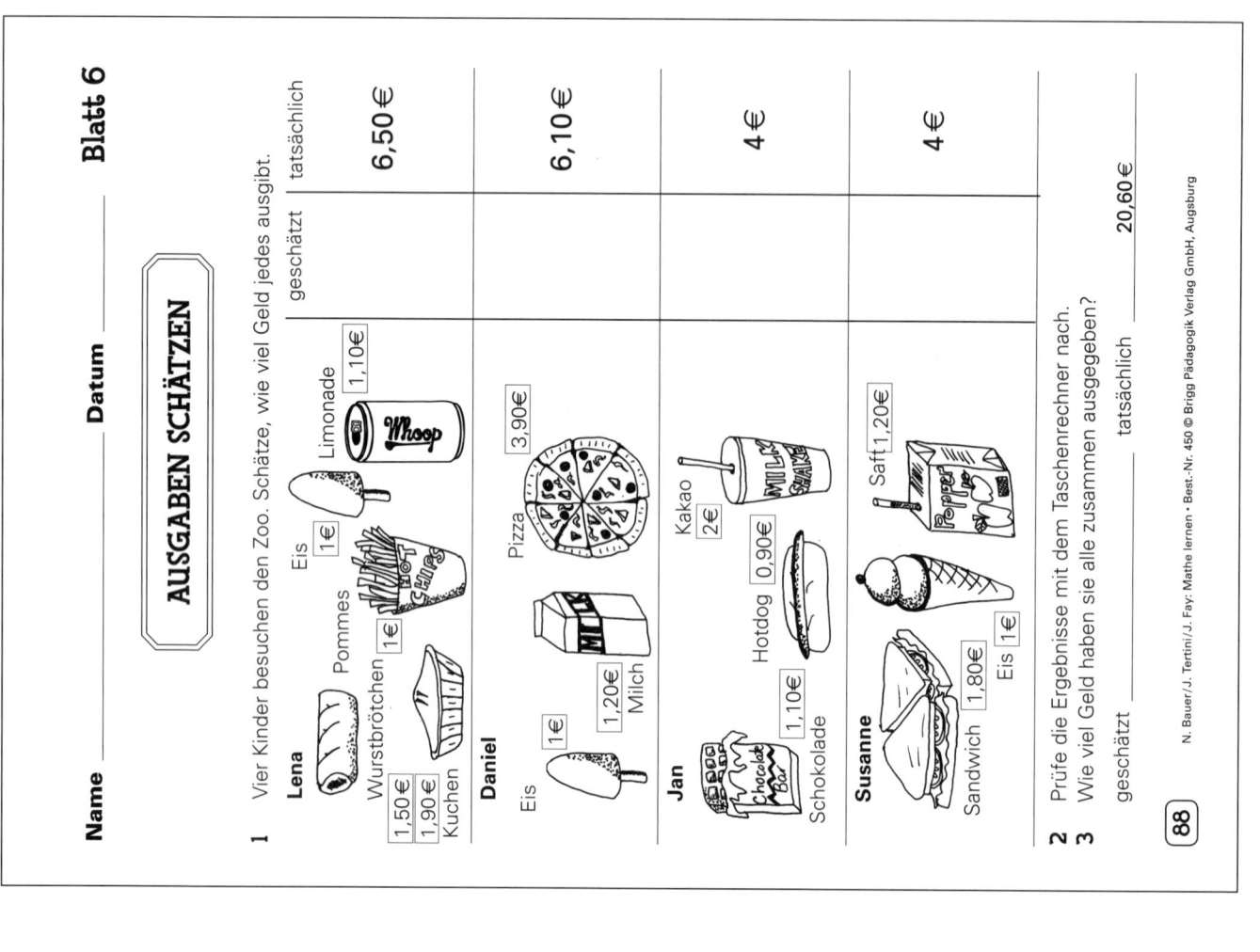

Blatt 7 — TEST: SCHÄTZEN

1 Schätze die Länge der Blätter und miss dann nach.

- a geschätzt ___ tatsächlich 7 cm
- b geschätzt ___ tatsächlich 8 cm
- c geschätzt ___ tatsächlich 4 cm
- d geschätzt ___ tatsächlich 10 cm

2 Schätze die Ergebnisse der folgenden Aufgaben und rechne dann genau.

- a Katrin hat 5 € und erhält noch 9 € dazu. Wie viel Geld hat sie jetzt?
  geschätzt ___ tatsächlich 14 €
- b Wenn Peter von seinen 30 Murmeln 17 verloren hat, wie viele hat er dann noch?
  geschätzt ___ tatsächlich 13 Murmeln
- c Ein Schnur ist 20 m lang und Tom schneidet 11 m ab. Wie viele Meter Schnur behält Tom übrig?
  geschätzt ___ tatsächlich 9 m
- d In Petras Garten wachsen 43 Tulpen und 23 Narzissen. Wie viele Blumen sind das insgesamt?
  geschätzt ___ tatsächlich 66 Blumen

3 Schätze zuerst die Ergebnisse und prüfe sie dann mit dem Taschenrechner nach.

- a 96 − 42 = geschätzt ___ tatsächlich 54
- b 27 + 34 = geschätzt ___ tatsächlich 61
- c 5 · 14 = geschätzt ___ tatsächlich 70
- d 71 + 25 = geschätzt ___ tatsächlich 96
- e 29 − 15 = geschätzt ___ tatsächlich 14
- f 89 − 72 = geschätzt ___ tatsächlich 17

Blatt 6 — AUSGABEN SCHÄTZEN

1 Vier Kinder besuchen den Zoo. Schätze, wie viel Geld jedes ausgibt.

	geschätzt	tatsächlich
Lena — Wurstbrötchen 1,50 €, Kuchen 1,90 €, Pommes 1 €, Eis 1 €, Limonade 1,10 €		6,50 €
Daniel — Eis 1 €, Milch 1,20 €, Pizza 3,90 €		6,10 €
Jan — Kakao 2 €, Hotdog 0,90 €, Schokolade 1,10 €		4 €
Susanne — Sandwich 1,80 €, Saft 1,20 €, Eis 1 €		4 €

2 Prüfe die Ergebnisse mit dem Taschenrechner nach.

3 Wie viel Geld haben sie alle zusammen ausgegeben?
geschätzt ___ tatsächlich 20,60 €

BRUCHTEILE

Mengen zerlegen, Hälften und Viertel bestimmen und schätzen, Teile von Mengen zeichnen und benennen, Bruchteile den zutreffenden Angaben zuordnen – diese Fähigkeiten werden in den folgenden beiden Lerneinheiten gestärkt.

Der korrekte Gebrauch von Sprache und Symbolen zum Lesen, Benennen und Schreiben von Bruchteilen wird vermittelt.

Die Schülerinnen und Schüler wenden ihre neuen Kenntnisse über Bruchteile auf Alltagssituationen an. Sie lösen Teilungsaufgaben zeichnerisch und interpretieren Diagramme zur Darstellung von Teilmengen.

Auf der Übungsseite werden Muster hergestellt, die auf Halbierungen beruhen.

Zwei Testseiten vervollständigen das Kapitel.

BRUCHTEILE

LERNEINHEIT 1
Teile von Mengen
Restmengen
Hälften
Diagramme

Lernziele

Die Schülerinnen und Schüler

- beschreiben und veranschaulichen das Verhältnis zwischen Anteilen und dem Ganzen.

- setzen zur Aufgabenlösung ihre Fähigkeiten im Umgang mit natürlichen Zahlen ein.

- benutzen informelle Ausdrücke für Objekte und Mengen.

- führen einfache Vergleiche mithilfe bildlicher Darstellungen durch.

- ermitteln und vergleichen die Mächtigkeit von Mengen mit verschiedenen Methoden wie Schätzen, Eins-zu-eins-Zuordnen und Zählen.

Arbeitsblätter

1 Teile einer Menge – angegebene Anteile farbig anmalen
  * Buntstifte

2 Teile benennen – Teilmengen färben und einkreisen; Restmengen abzählen; Teile von Mengen zeichnen und benennen
  * Buntstifte

3 Teile – Hälften von Figuren und Gegenständen bilden; die Hälfte einer Figur bunt anmalen
  * Buntstifte

4 Teile von Mengen – Teilmengen anmalen; die Restmengen abzählen
  * Buntstifte

5 Zuordnen – Teilmengen und passende Zahlenangaben zuordnen
  * Buntstifte

6 Schaubilder – ein Häufigkeits-Diagramm interpretieren; ein Diagramm zeichnen und die Darstellung erläutern
  * Buntstifte

7 Test
  * Buntstifte

8 Übung – Bruchteile
  * Buntstifte

Weiterführende Übungen

- Möglichst häufig „Teilungsbegriffe" benutzen – ganz, halb usw. „Wir teilen den Apfel in Hälften."

- Klecksbilder erstellen; ein Blatt Papier in der Mitte falten, entfalten, eine Hälfte bemalen, wieder falten und entfalten; so entsteht ein symmetrisches Muster.

- „Hälften/Halbe" in Katalogen und Zeitschriften entdecken; auf Schautafeln kleben oder in einem gemeinsamen Buch sammeln.

- Mengen als Teile eines Ganzen ausdrücken: „Ich habe 4 Autos, 1 von den 4 ist blau, 3 von den 4 sind rot."

- Im Kunstunterricht mit Hälften, z. B. einer halben Kartoffel, drucken.

- Gelegenheiten nutzen, um die Vorstellung vom Teilen und vom „gerechten Teilen" zu entwickeln.

- Das Bruchteilprinzip an alltäglichen Situationen verdeutlichen: „Heute fehlen 4 Kinder, 3 davon sind Mädchen."

- Bruchteile durch Tortenstücke aus verschiedenfarbigem Papier darstellen, die auf Karton befestigt werden.

- Schätzen, wie oft Blätter unterschiedlicher Größe gefaltet werden können; Ergebnisse selbst herausfinden, besprechen und ausstellen.

- Faltarbeiten: Eine Figur (Kreis, Quadrat) auf farbiges Papier zeichnen, ausschneiden, zweimal in der Mitte falten und Teile ausschneiden; entfalten und das erhaltene Muster aufkleben.

Hinweis

- Bevor „ein halb" eingeführt wird, sollten die Schüler das Prinzip vom Teil einer Menge verstanden haben.

Name _____ Datum _____ Blatt 1

TEILE EINER MENGE

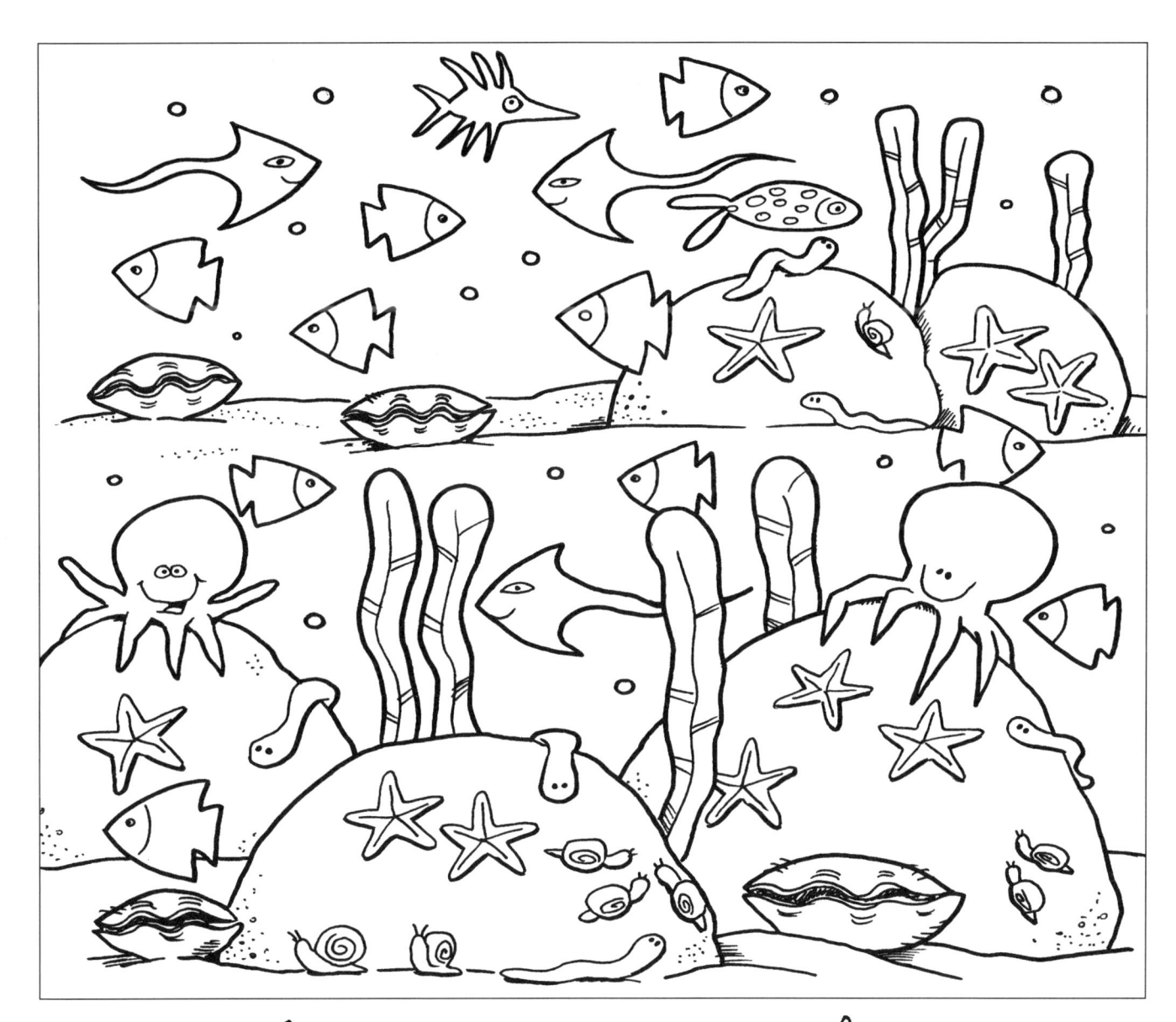

Male 8 von 10 🐟 rot an.

Male 4 von 8 🐌 gelb an.

Male 5 von 6 〜 orange an.

Male 3 von 4 🦪 rot an.

Male 2 von 2 🐙 pinkfarben an.

Male 6 von 9 ⭐ blau an.

Male 7 von 7 🌿 grün an.

Male 4 von 5 ⌒ braun an.

Male 2 von 3 🐟 orange an.

N. Bauer/J. Tertini/J. Fay: Mathe lernen • Best.-Nr. 450 © Brigg Pädagogik Verlag GmbH, Augsburg

Name _____ Datum _____ Blatt 2

TEILE BENENNEN

1 Male die angegebenen Teile an. Wie viele bleiben übrig?

a

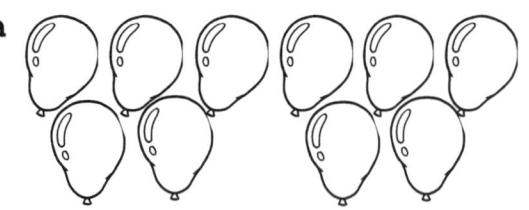

[6] von [10] sind angemalt

[ ] von [ ] sind nicht angemalt

b

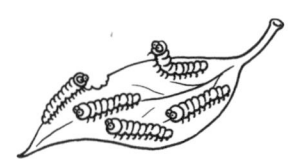

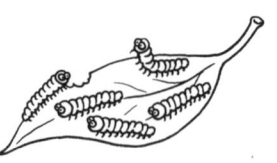

[4] von [10] sind angemalt

[ ] von [ ] sind nicht angemalt

c

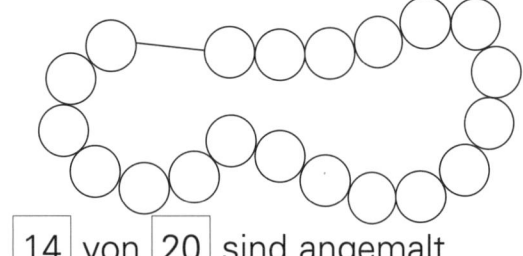

[14] von [20] sind angemalt

[ ] von [ ] sind nicht angemalt

d

[11] von [20] sind angemalt

[ ] von [ ] sind nicht angemalt

2 Kreise die passende Anzahl von Dingen ein und male sie dann an.

a

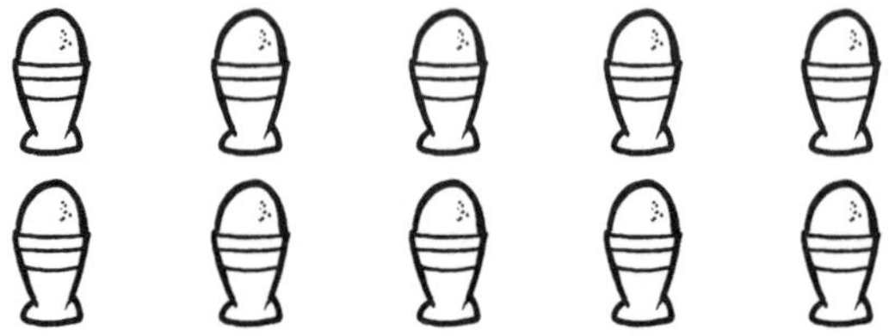

[7] von [10] sind eingekreist

b

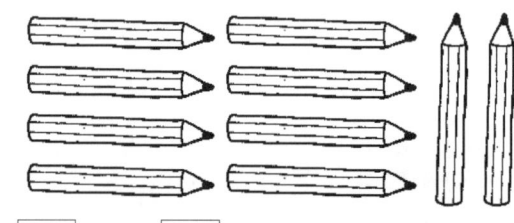

[9] von [10] sind eingekreist

3 Zeichne selbst Mengen und kreise Teile von ihnen ein.

a

[ ] von [ ] sind eingekreist

b

[ ] von [ ] sind eingekreist

Name _____ **Datum** _____ **Blatt 3**

TEILE

1 Male die richtige Antwort farbig an.

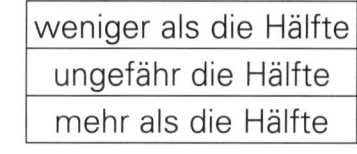

a | weniger als die Hälfte / ungefähr die Hälfte / mehr als die Hälfte

b | weniger als die Hälfte / ungefähr die Hälfte / mehr als die Hälfte

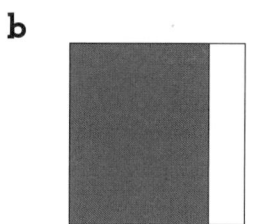

c | weniger als die Hälfte / ungefähr die Hälfte / mehr als die Hälfte

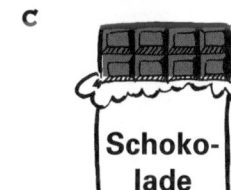

d | weniger als die Hälfte / ungefähr die Hälfte / mehr als die Hälfte

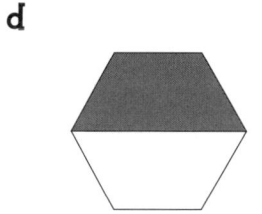

e | weniger als die Hälfte / ungefähr die Hälfte / mehr als die Hälfte

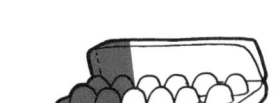

f | weniger als die Hälfte / ungefähr die Hälfte / mehr als die Hälfte

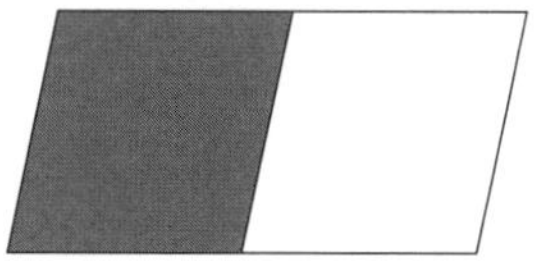

g | weniger als die Hälfte / ungefähr die Hälfte / mehr als die Hälfte

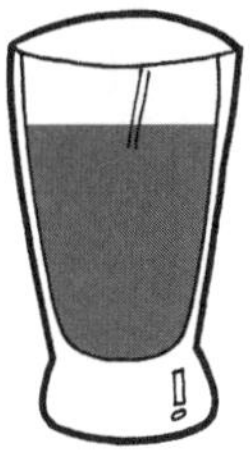

h | weniger als die Hälfte / ungefähr die Hälfte / mehr als die Hälfte

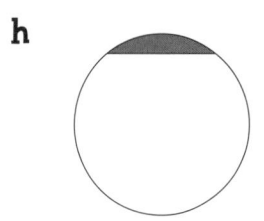

2 a Male eine Hälfte der Pizza farbig an.

b Male eine Hälfte des Quadrats farbig an.

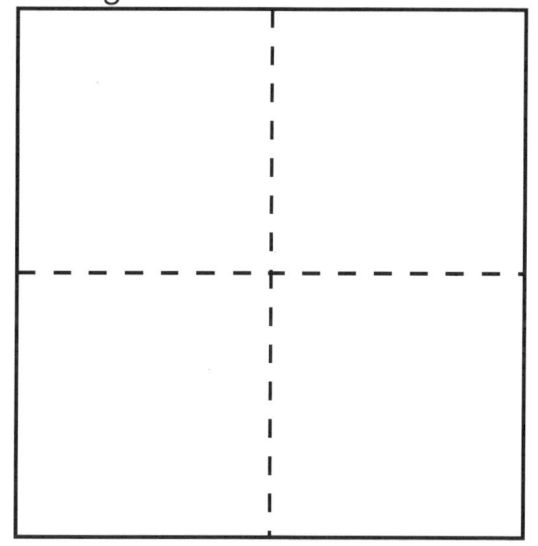

Name _____ **Datum** _____ **Blatt 4**

TEILE VON MENGEN

1 Male bunt an.
- **a** 7 von 8 Schachteln Pizza
- **b** 10 von 15 Paketen Kaffee
- **c** 5 von 7 Dosen Pfirsiche
- **d** 15 von 20 Dosen Fisch
- **e** 6 von 12 Dosen Milch
- **f** 4 von 5 Paketen Müsli
- **g** 12 von 17 Dosen Tee
- **h** 4 von 11 Dosen Mais
- **i** 2 von 4 Paketen Waschmittel
- **j** 5 von 6 Dosen Chips

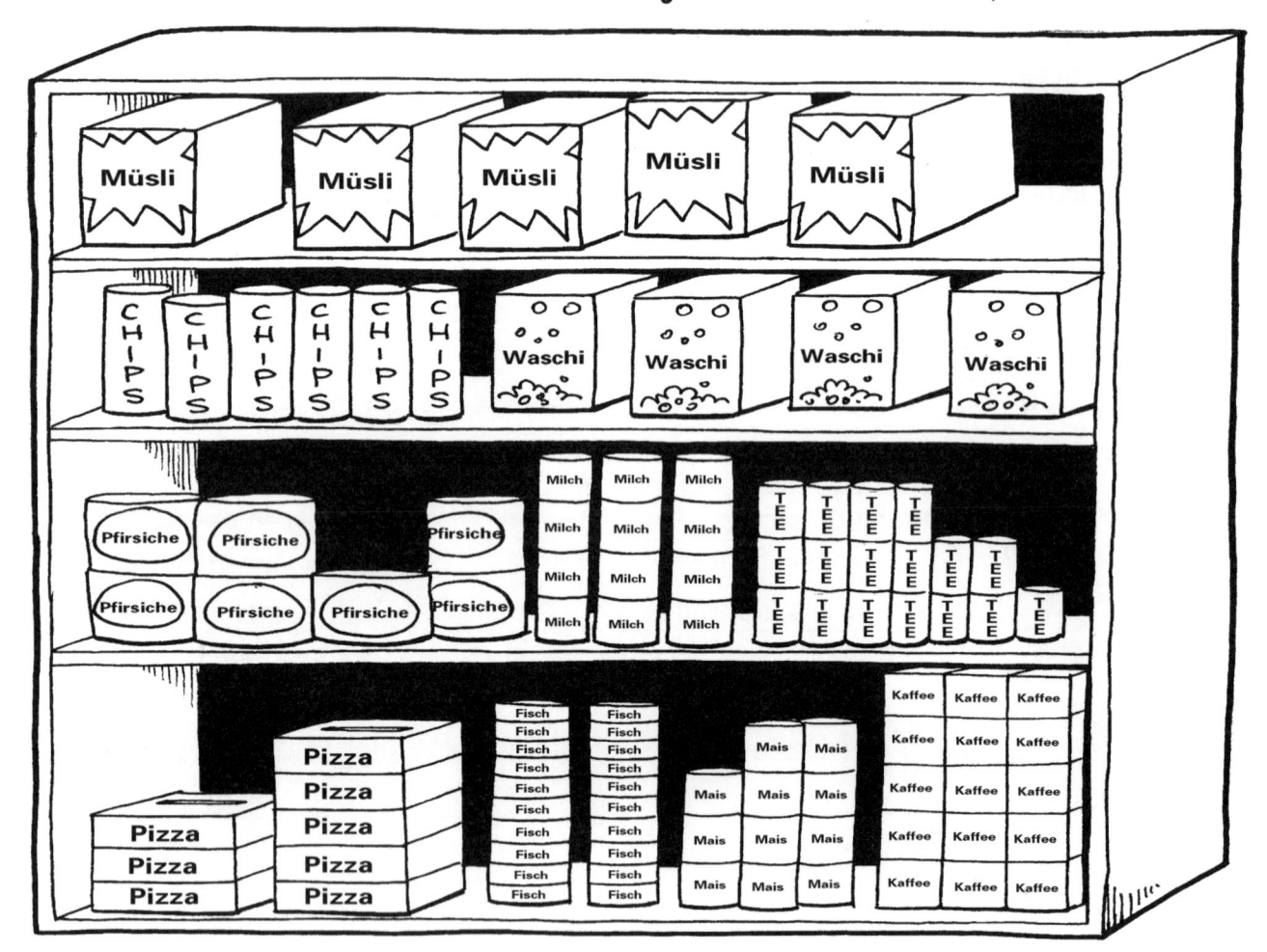

2 Wie viele sind nicht angemalt?

- **a** ___ Pakete Müsli
- **b** ___ Dosen Chips
- **c** ___ Pakete Waschmittel
- **d** ___ Dosen Pfirsiche
- **e** ___ Dosen Milch
- **f** ___ Dosen Tee
- **g** ___ Schachteln Pizza
- **h** ___ Dosen Fisch
- **i** ___ Dosen Mais
- **j** ___ Pakete Kaffee

Name _____ **Datum** _____ **Blatt 5**

ZUORDNEN

1   Benutze unterschiedliche Farben und verbinde jedes Bild mit der passenden Zahlenangabe.

a   Knöpfe

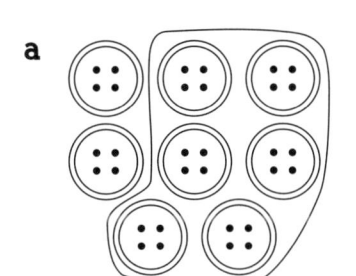

b   Bälle

c   Quadrate

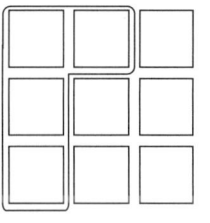

d   Perlen

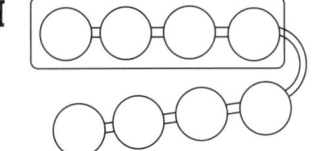

e   Münzen

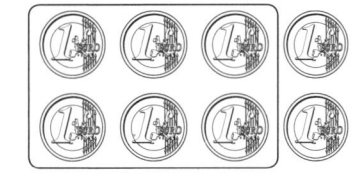

f   Bonbons

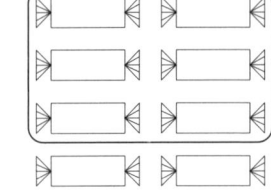

g   Eis am Stiel

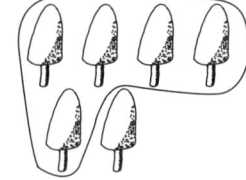

h   Luftballons

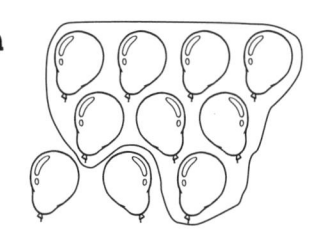

i   Marienkäfer

j   Schnecken

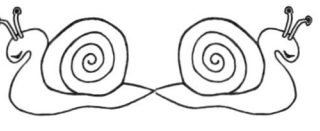

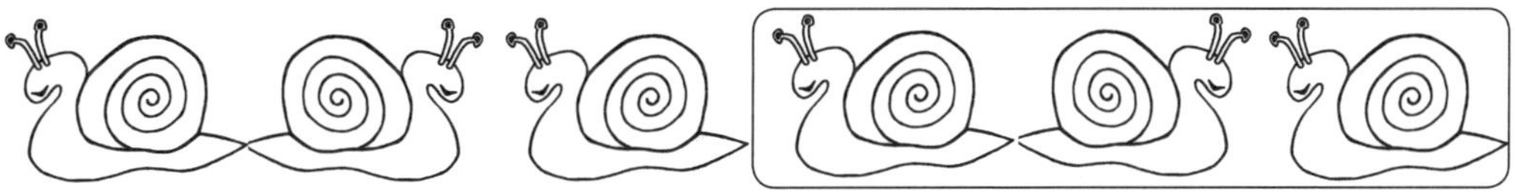

4 von 6

6 von 8

4 von 8

4 von 9

8 von 10

5 von 6

3 von 6

6 von 10

3 von 8

6 von 9

N. Bauer / J. Tertini / J. Fay: Mathe lernen • Best.-Nr. 450 © Brigg Pädagogik Verlag GmbH, Augsburg

Name _____ Datum _____ **Blatt 6**

SCHAUBILDER

1 Ergänze die Sätze.

Augenfarben in der Klasse 2b

grün   blau   braun

a [ ] von [ ] haben grüne Augen.

b [ ] von [ ] haben blaue Augen.

c [ ] von [ ] haben braune Augen.

d [ ] von [ ] haben keine grünen Augen.

e [ ] von [ ] haben keine blauen Augen.

f [ ] von [ ] haben keine braunen Augen.

2 Untersuche deine Klasse und erstelle ein Haarfarben-Diagramm. Ergänze die Sätze.

Haarfarben

blond   braun   schwarz   rot

a [ ] von [ ] haben blonde Haare.

b [ ] von [ ] haben braune Haare.

c [ ] von [ ] haben schwarze Haare.

d [ ] von [ ] haben rote Haare.

e [ ] von [ ] haben keine blonden Haare.

f [ ] von [ ] haben keine roten Haare.

g [ ] von [ ] haben keine schwarzen Haare.

N. Bauer/J. Tertini/J. Fay: Mathe lernen • Best.-Nr. 450 © Brigg Pädagogik Verlag GmbH, Augsburg

Blatt 7

TEST: BRUCHTEILE

1 Wie viele Dinge sind in jeder Menge eingekreist?

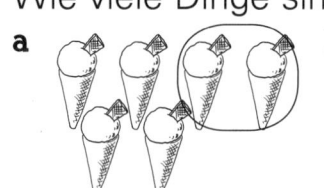

a ____ von ____   b ____ von ____   c ____ von ____   d ____ von ____

2 Male den angegebenen Teil der Figur an.

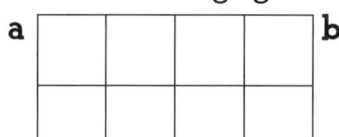

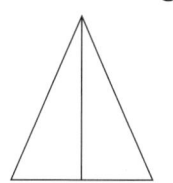

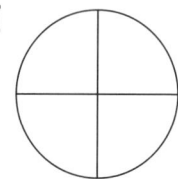

a drei von acht   b eins von zwei   c zwei von vier   d vier von vier

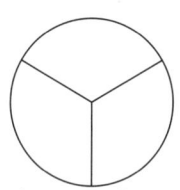

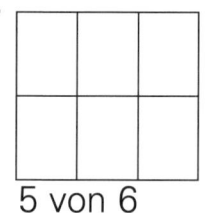

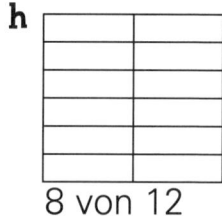

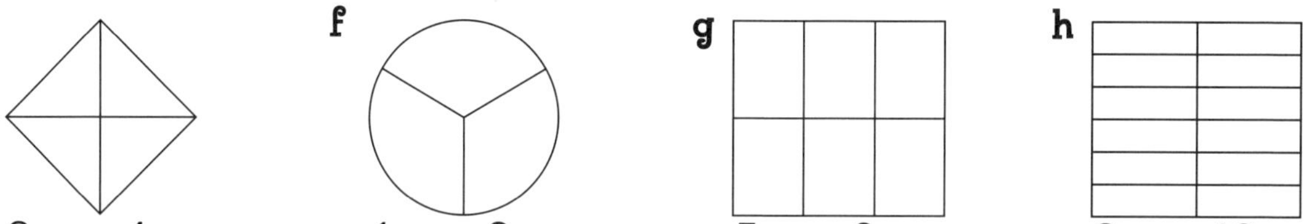

e 3 von 4   f 1 von 3   g 5 von 6   h 8 von 12

3 Welcher Teil ist grau?

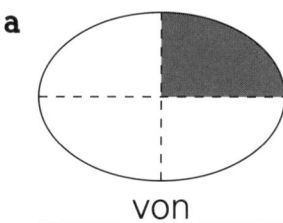

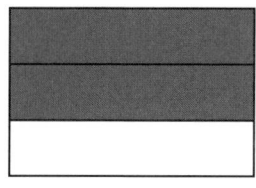

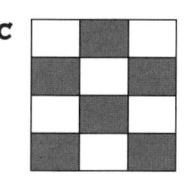

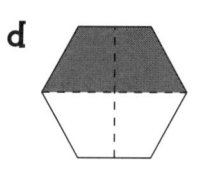

a ____ von ____   b ____ von ____   c ____ von ____   d ____ von ____

4 Male jeweils die halbe Figur an.

a   b   c   d   e   f

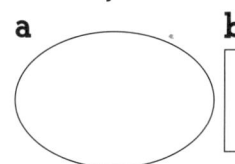

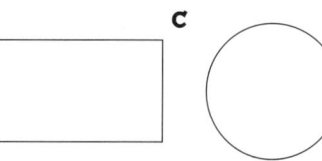

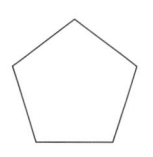

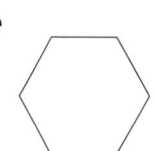

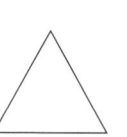

5 Male an.

a 1 von 2   b 3 von 4   c 8 von 10   d 6 von 8

ÜBUNG: BRUCHTEILE

1 Jeder quadratische Kuchen hat 8 Stücke.
Mache Muster aus farbiger Glasur.
Male von jedem Kuchen eine Hälfte an.
Alle Kuchen sollen verschieden aussehen.

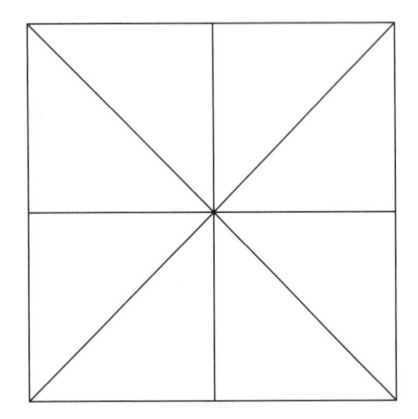

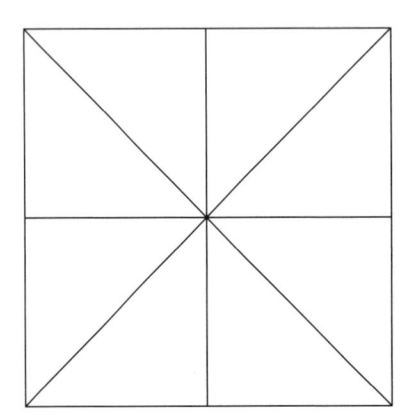

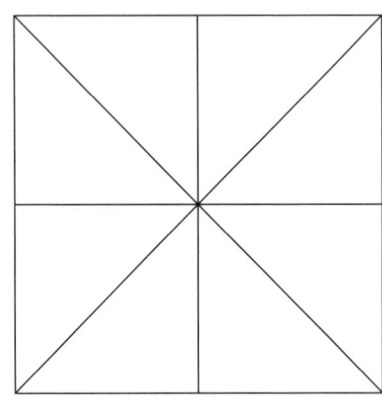

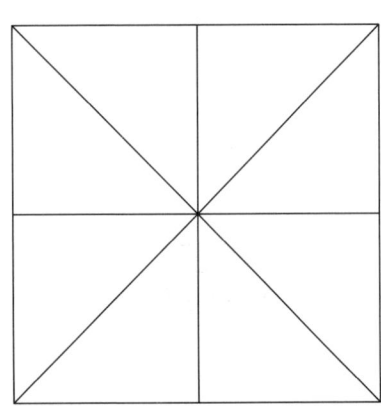

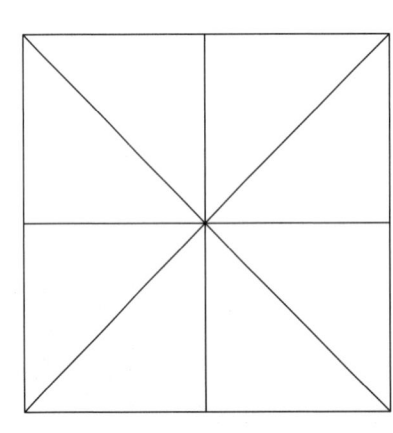

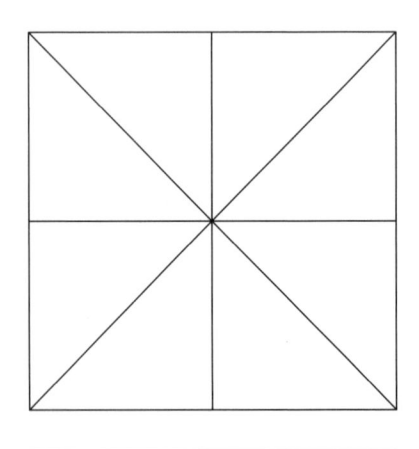

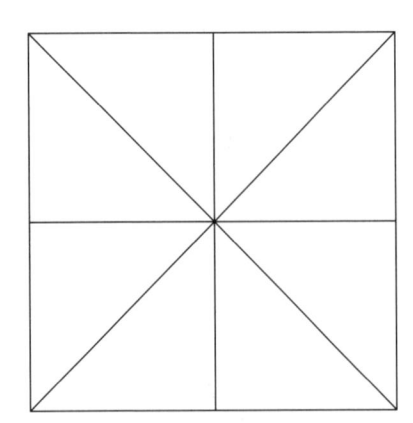

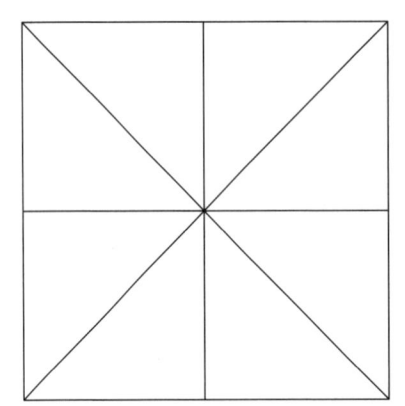

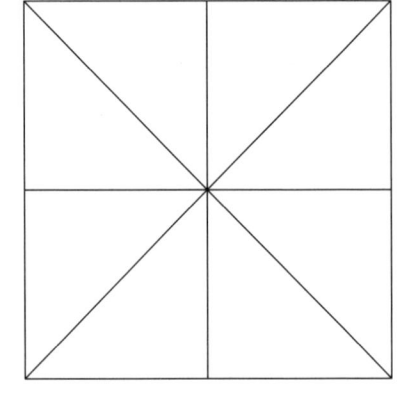

2 Zeichne 3 Quadrate auf ein Blatt Papier.
Teile jedes Quadrat in 16 gleich große Teile.
Male von jedem Quadrat in unterschiedlichen Mustern die Hälfte an.

BRUCHTEILE

LERNEINHEIT 2
Hälften
Zählen
Viertel, Drittel
Aufgaben zeichnen
Aufgaben formulieren
Aufgaben lösen

Lernziele

Die Schülerinnen und Schüler

- *beschreiben und veranschaulichen das Verhältnis zwischen Anteilen und dem Ganzen.*

- *setzen zur Aufgabenlösung ihre Fähigkeiten im Umgang mit natürlichen Zahlen ein.*

- *formulieren Texte, die eine Vorstellung oder einen Sachverhalt ausdrücken sollen.*

- *ermitteln und vergleichen die Mächtigkeit von Mengen mit verschiedenen Methoden wie Schätzen, Eins-zu-eins-Zuordnen und Zählen.*

Arbeitsblätter

1 Hälften – die Hälfte für Mengen mit bis zu 20 Elementen bestimmen; die Elemente der Teilmengen zählen
* Buntstifte

2 Bruchteile zuordnen – einer Teilmenge die passende Bruchteilsangabe zuordnen

3 Viertel – ein Viertel für Mengen mit bis zu 20 Elementen bestimmen; Mengen zeichnen und in Viertel aufteilen
* Buntstifte

4 Richtige Angaben – für Teilflächen und -mengen entscheiden, ob sie die Hälfte bzw. ein Viertel ausmachen oder nicht; Kreisanteilen die passenden Bruchteilsangaben zuordnen; Bruchteile von Mengen zeichnerisch darstellen

5 Hälften und Viertel – Teilungsaufgaben zeichnerisch lösen
* Buntstifte

6 Aufgaben – Teilungsaufgaben durch Anmalen lösen; eine eigene Teilungsaufgabe ausdenken
* Buntstifte

7 Test

Weiterführende Übungen

- Eine "Teileparty" feiern; Butterbrote in Hälften und Viertel schneiden; kleine Pizzas in Viertel schneiden.

- Figuren auf Rautenpapier zeichnen und in Bruchteile zerlegen.

- Das Bruchteilsprinzip mit Diagrammen verdeutlichen; 8 von 28 werden zur Schule gebracht, 9 von 28 kommen mit dem Bus, 11 von 28 gehen zu Fuß.

- Figuren auf farbiges Papier zeichnen, in Hälften zerlegen, ausschneiden, aufkleben und ausschneiden.

- Konkrete Problemstellungen; 6 Äpfel in eine Schale legen, dann 3 davon wegnehmen; „Ist die Hälfte entnommen worden?"

- Ein einfaches Brettspiel (am Beispiel 2): Felder kreisförmig anordnen und einige mit 2, 4, 6, 8, … Blumen markieren; reihum würfeln und entsprechend vorziehen; wer auf einem Blumenfeld landet, nimmt entsprechend viele Spielsteine, zerlegt die Menge in Hälften, behält eine davon und legt die andere zurück; wer die meisten Steine sammelt, gewinnt.

- Auf wie viele Arten kannst du eine Fläche (Kreis, Quadrat, Rechteck usw.) halbieren (vierteln usw.)? Die Aufgabe zeichnerisch lösen.

- Auf dem Schulhof eine Strecke in zwei, drei, vier gleich große Abschnitte zerlegen und farbig kennzeichnen; die Teile auf unterschiedliche Art zurücklegen: rennen, gehen, hüpfen (Beispiel für Drittel).

Hinweis

- Einen neuen Bruchteil erst einführen, wenn die bereits erlernten wirklich verstanden werden.

Name _____ Datum _____ Blatt 1

HÄLFTEN

1 Zähle und male jeweils die Hälfte an.

2 Wie viele hast du angemalt?

Wolken ☐   Schafe ☐   Bienen ☐

Luftballons ☐   Hühner ☐   Kinder ☐

Blumen ☐   Vögel ☐   Bäume ☐

Schnecken ☐

Name _____ Datum _____ Blatt 2

BRUCHTEILE ZUORDNEN

1 Verbinde jede Menge mit der passenden Zahlenangabe.

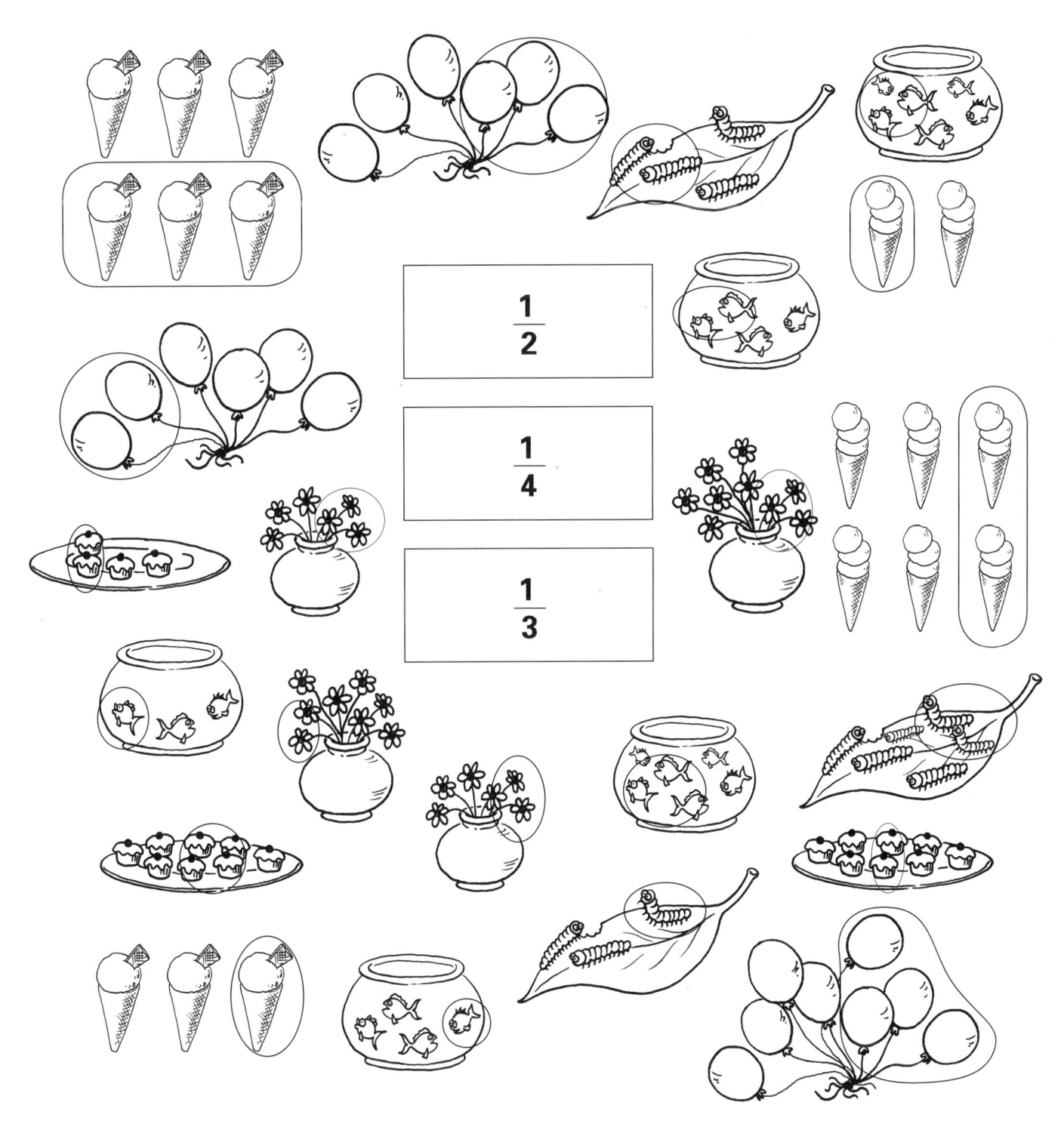

$\frac{1}{2}$

$\frac{1}{4}$

$\frac{1}{3}$

Name _____ Datum _____ Blatt 3

VIERTEL

1 Zerlege die Menge in Viertel, indem du die Dinge einkreist; male jeweils eins der Viertel an.

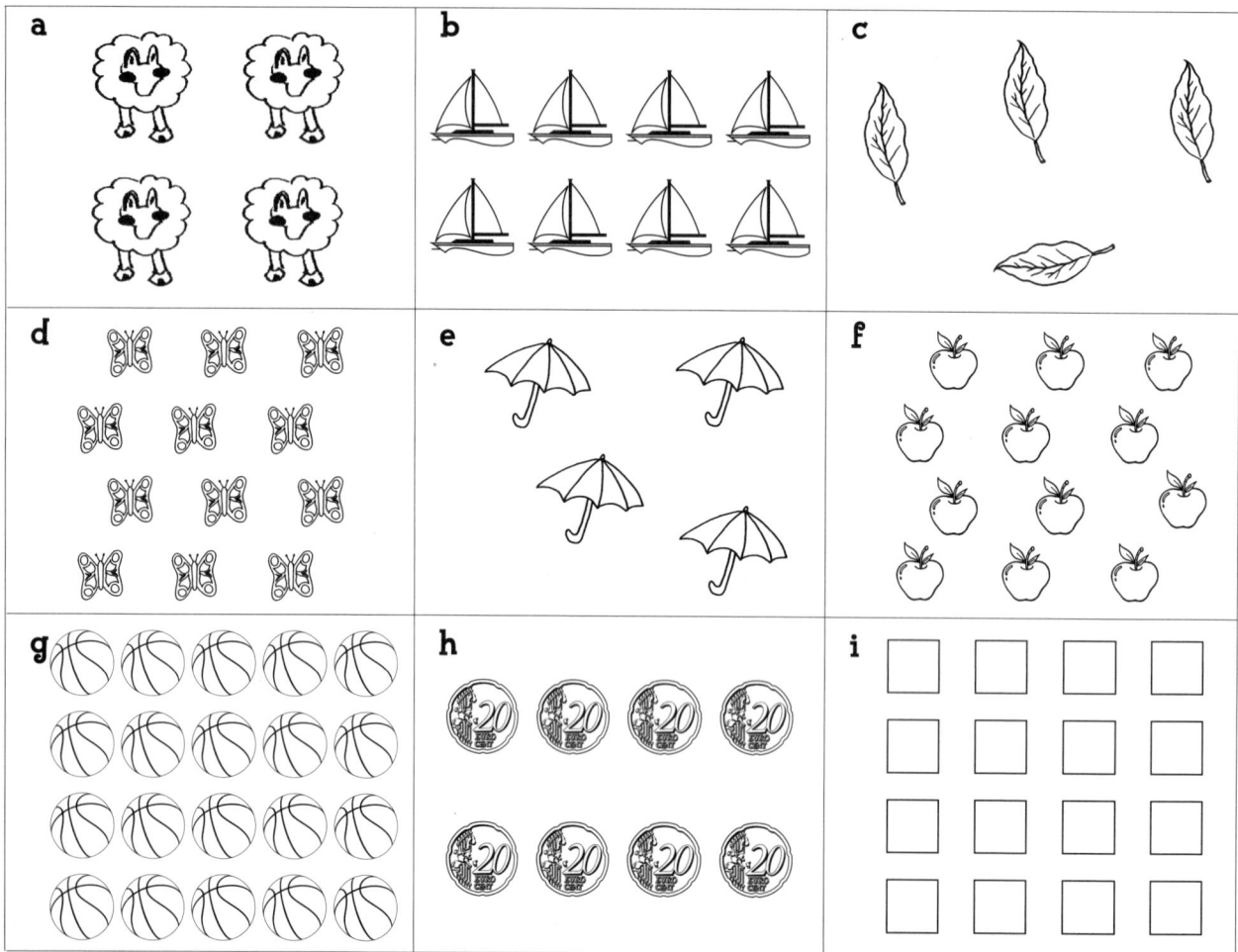

a	b	c
d	e	f
g	h	i

2 Zeichne selbst Dinge und zerlege die Mengen dann in Viertel.

RICHTIGE ANGABEN

1 Mache ein Häkchen an die passenden Flächen.

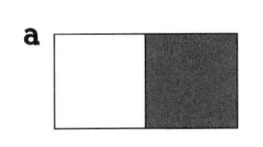

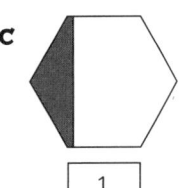

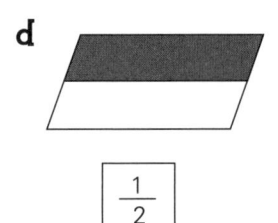

a $\frac{1}{2}$ b $\frac{1}{2}$ c $\frac{1}{2}$ d $\frac{1}{2}$

2 Mache ein Häkchen, wenn die richtige Menge eingekreist ist.

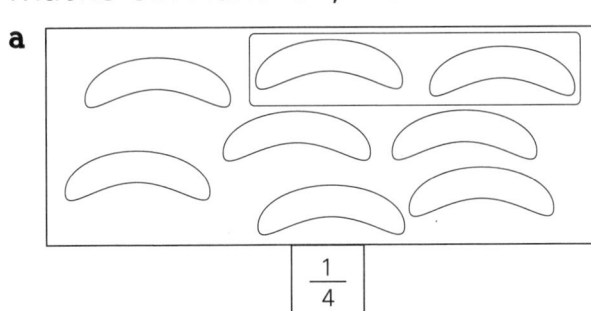

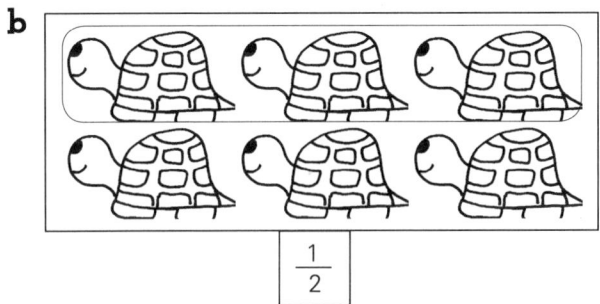

a $\frac{1}{4}$ b $\frac{1}{2}$

c $\frac{1}{4}$ d $\frac{1}{4}$

3 Verbinde jedes Bild mit der Angabe, die zu ihm gehört.

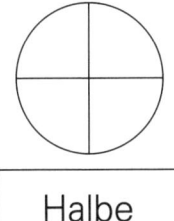

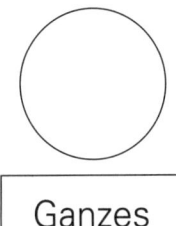

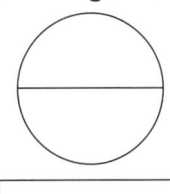

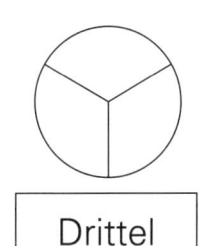

Halbe   Ganzes   Viertel   Drittel

4 a Zeichne an die Hälfte der Luftballons eine Schnur.

b Zeichne an ein Viertel der Luftballons eine Schnur.

c Zeichne an ein Drittel der Luftballons eine Schnur.

Name _____ **Datum** _____ **Blatt 5**

HÄLFTEN UND VIERTEL

1 Zeichne Bilder, um die Aufgaben zu lösen.

a Von 4 Luftballons hat die Hälfte eine Schnur die andere Hälfte nicht.

b Von insgesamt 8 Keksen liegt eine Hälfte auf einem blauen Tablett, die andere Hälfte auf einem gelben.

c Du siehst 12 Schnecken. Ein Viertel von ihnen kriecht auf einem großen Blatt, ein Viertel auf einem kleinen Blatt, und ein Viertel ist auf dem Boden.
Wie viele fehlen noch? _____
Zeichne die Blätter mit den Schnecken darauf.

d Von 8 Äpfeln hängt eine Hälfte auf dem Baum und die andere Hälfte liegt darunter.

e Du siehst 6 Schafe. Eine Hälfte von ihnen befindet sich auf einer Weide und die andere Hälfte auf einer anderen Weide.

Name _____ Datum _____ Blatt 6

AUFGABEN

1 Male an und löse so die Aufgaben.

a [8 Schafe]

Die Hälfte der Schafe ist weiß; der Rest ist schwarz.
Wie viele Schafe sind schwarz? _____

b [16 Autos]

Die Hälfte der Autos auf dem Parkplatz ist weiß, ein Viertel ist rot, ein Viertel ist blau.
Wie viele Autos sind weiß? _____   Wie viele Autos sind rot? _____
Wie viele Autos sind blau? _____

c Ein Drittel der Blumen ist rot, ein Drittel ist blau und ein Drittel gelb. Wie viele Blumen sind rot _____, blau _____, gelb _____?

2 Denke dir selbst eine Aufgabe aus.

3 Male die Figuren an und löse so die Aufgabe.   Wie viele sind es?

[8 Kreise]   rot _____ blau _____ gelb _____
[8 Quadrate]   rot _____ blau _____ gelb _____
[8 Dreiecke]   rot _____ blau _____ gelb _____

Von den Kreisen und Quadraten ist jeweils die Hälfte rot.
Ein Viertel der Kreise und die Hälfte der Dreiecke sind blau.
Ein Viertel der Kreise ist gelb und eine Hälfte der Quadrate auch.
Ein Viertel der Dreiecke ist rot, ein Viertel ist gelb.

Name _____ Datum _____ Blatt 7

TEST: BRUCHTEILE

1 Kreise immer die halbe Menge ein.

   a   b    c

2 Kreise immer ein Viertel der Menge ein.

   a   b

3 a Gib der Hälfte der Boote eine Flagge.

   b Zeichne eine Biene an die Hälfte der Bienenstöcke.

   c Zeichne ein Ei in ein Viertel der Eierbecher.

   d Setze einem Viertel der Kinder eine Mütze auf.

4 Zeichne passende Trennlinien ein.

   a $\frac{1}{4}$ b $\frac{1}{2}$ c $\frac{1}{4}$ d $\frac{1}{2}$ e $\frac{1}{4}$

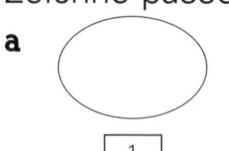

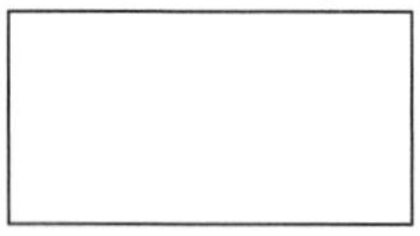

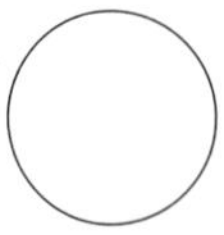

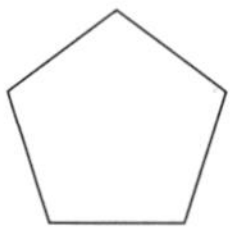

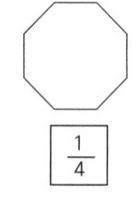

5 a

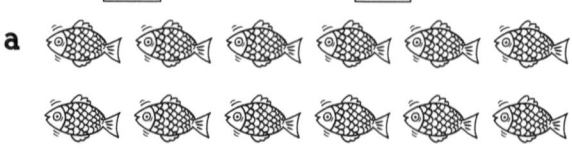

Male die Hälfte der Fische rot an.
Male ein Viertel der Fische gelb an.
Male ein Viertel der Fische blau an.
Wie viele Fische sind rot? _____
Wie viele Fische sind blau? _____
Wie viele Fische sind gelb? _____

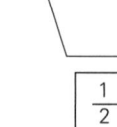

   b Zeichne 8 Schnecken, die Hälfte von ihnen auf das Blatt und die andere Hälfte daneben.

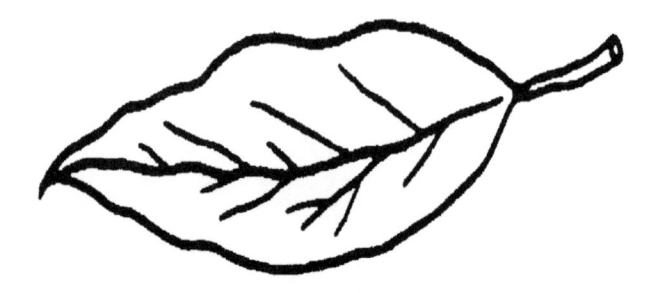

LÖSUNGEN

Blatt 2

TEILE BENENNEN

1 Male die angegebenen Teile an. Wie viele bleiben übrig?

a   6 von 10 sind angemalt   4 von 10 sind nicht angemalt
b   4 von 10 sind angemalt   6 von 10 sind nicht angemalt
c   14 von 20 sind angemalt   6 von 20 sind nicht angemalt
d   11 von 20 sind angemalt   9 von 20 sind nicht angemalt

2 Kreise die passende Anzahl von Dingen ein und male sie dann an.

a   7 von 10 sind eingekreist
b   9 von 10 sind eingekreist

3 Zeichne selbst Mengen und kreise Teile von ihnen ein.

a   ☐ von ☐ sind eingekreist
b   ☐ von ☐ sind eingekreist

Blatt 1

TEILE EINER MENGE

Male 8 von 10 🐟 rot an.   Male 6 von 9 ⭐ blau an.
Male 4 von 8 🐌 gelb an.   Male 7 von 7 🪱 grün an.
Male 5 von 6 〰 orange an.   (Male 4 von 5 🦪 braun an.)
Male 3 von 4 🐚 rot an.   Male 2 von 3 🐠 orange an.
Male 2 von 2 🐙 pinkfarben an.

LÖSUNGEN

Blatt 3

TEILE

1 Male die richtige Antwort farbig an.

a) ungefähr die Hälfte
b) mehr als die Hälfte
c) ungefähr die Hälfte
d) mehr als die Hälfte
e) ungefähr die Hälfte
f) weniger als die Hälfte
g) ungefähr die Hälfte
h) mehr als die Hälfte

2 a Male eine Hälfte der Pizza farbig an.
b Male eine Hälfte des Quadrats farbig an.

Blatt 4

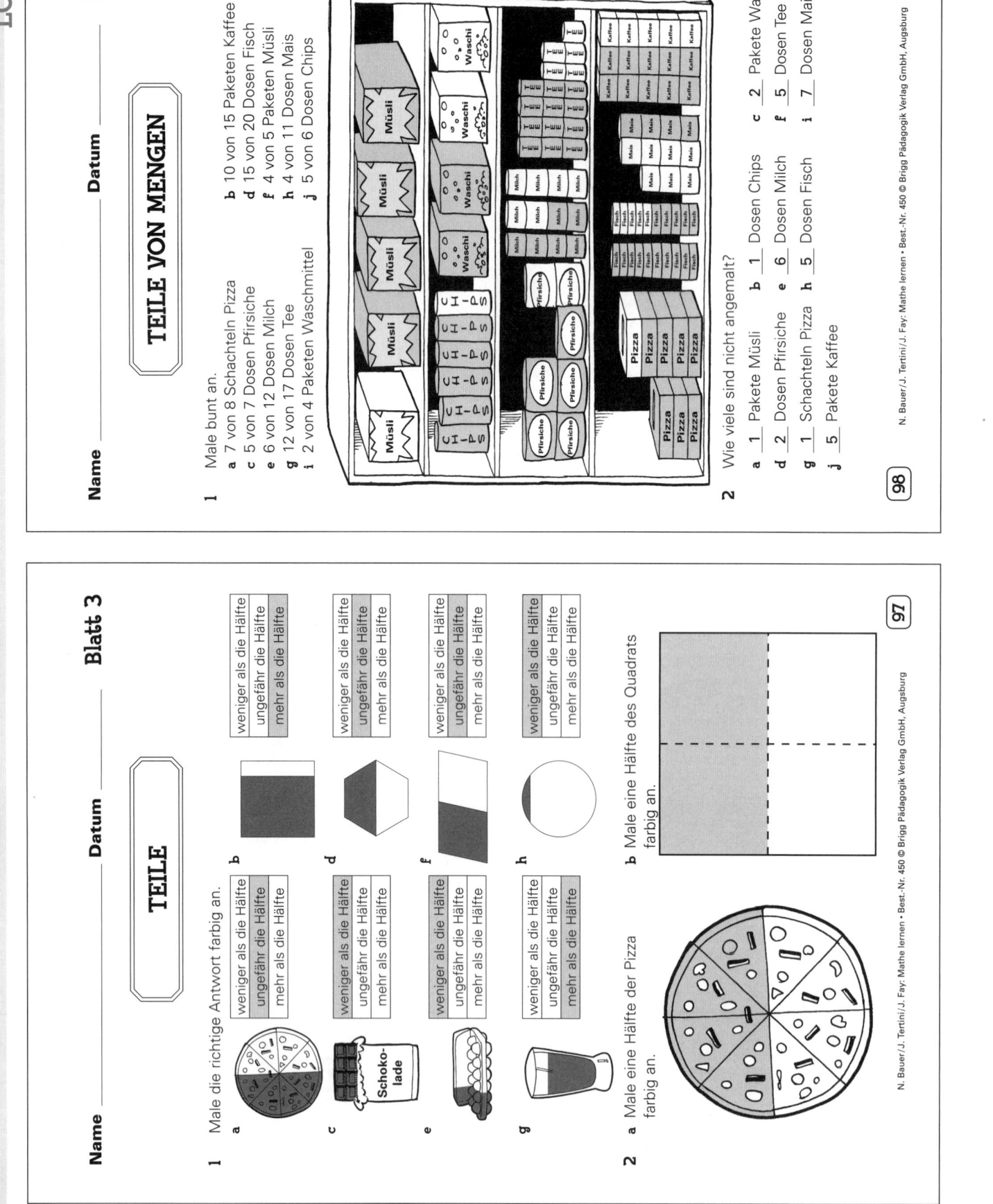

TEILE VON MENGEN

1 Male bunt an.
a 7 von 8 Schachteln Pizza   b 10 von 15 Paketen Kaffee
c 5 von 7 Dosen Pfirsiche   d 15 von 20 Dosen Fisch
e 6 von 12 Dosen Milch   f 4 von 5 Paketen Müsli
g 12 von 17 Dosen Tee   h 4 von 11 Dosen Mais
i 2 von 4 Paketen Waschmittel   j 5 von 6 Dosen Chips

2 Wie viele sind nicht angemalt?
a 1 Pakete Müsli   b 1 Dosen Chips   c 2 Pakete Waschmittel
d 2 Dosen Pfirsiche   e 6 Dosen Milch   f 5 Dosen Tee
g 1 Schachteln Pizza h 5 Dosen Fisch   i 7 Dosen Mais
j 5 Pakete Kaffee

LÖSUNGEN

Blatt 6 — SCHAUBILDER

1 Ergänze die Sätze.

Augenfarben in der Klasse 2b

grün   blau   braun

a 9 von 28 haben grüne Augen.
b 11 von 28 haben blaue Augen.
c 8 von 28 haben braune Augen.
d 19 von 28 haben keine grünen Augen.
e 17 von 28 haben keine blauen Augen.
f 20 von 28 haben keine braunen Augen.

2 Untersuche deine Klasse und erstelle ein Haarfarben-Diagramm. Ergänze die Sätze.

Haarfarben

a ☐ von ☐ haben blonde Haare.
b ☐ von ☐ haben braune Haare.
c ☐ von ☐ haben schwarze Haare.
d ☐ von ☐ haben rote Haare.
e ☐ von ☐ haben keine blonden Haare.
f ☐ von ☐ haben keine roten Haare.
g ☐ von ☐ haben keine schwarzen Haare.

blond   braun   schwarz   rot

Blatt 5 — ZUORDNEN

1 Benutze unterschiedliche Farben und verbinde jedes Bild mit der passenden Zahlenangabe.

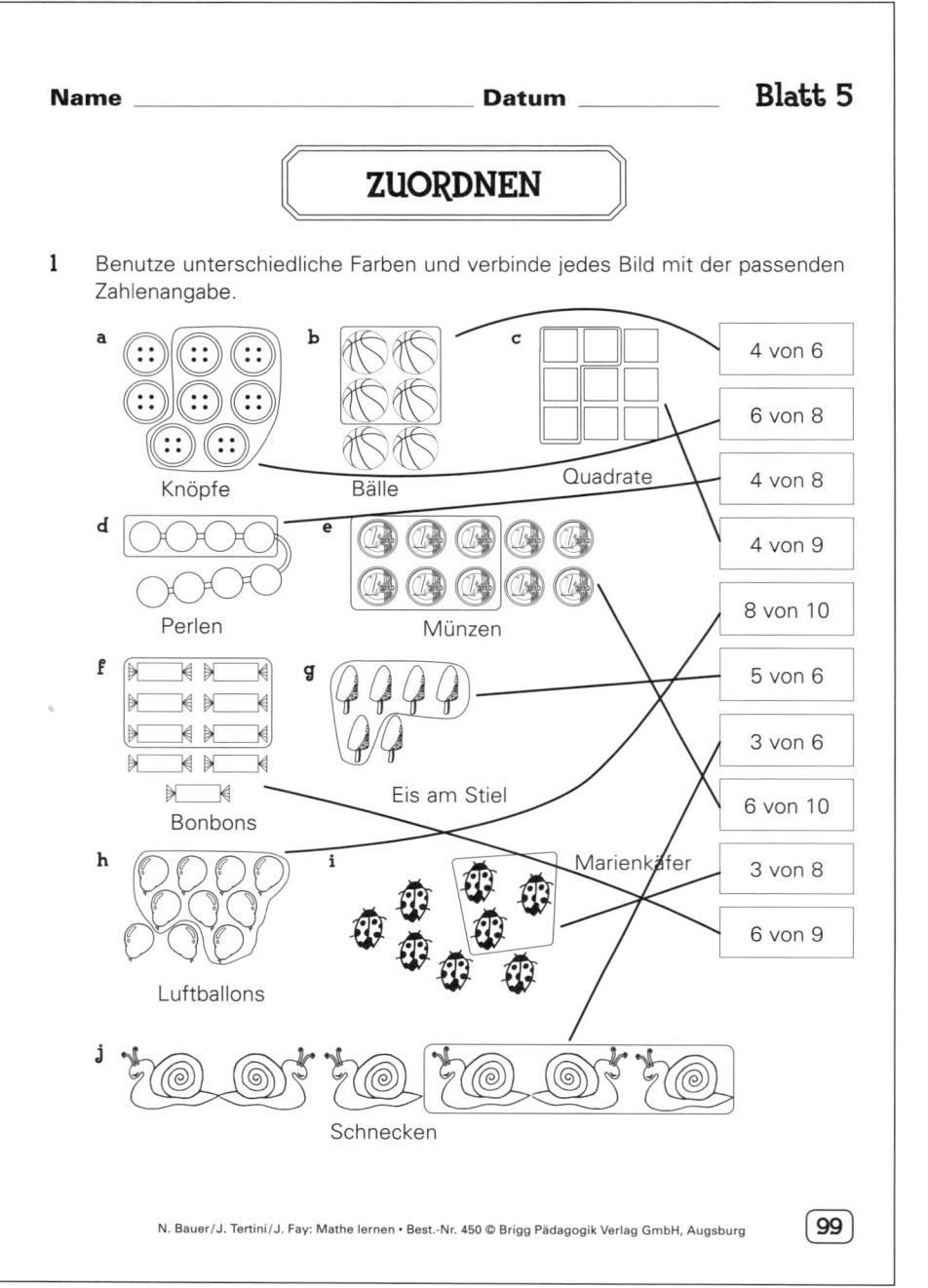

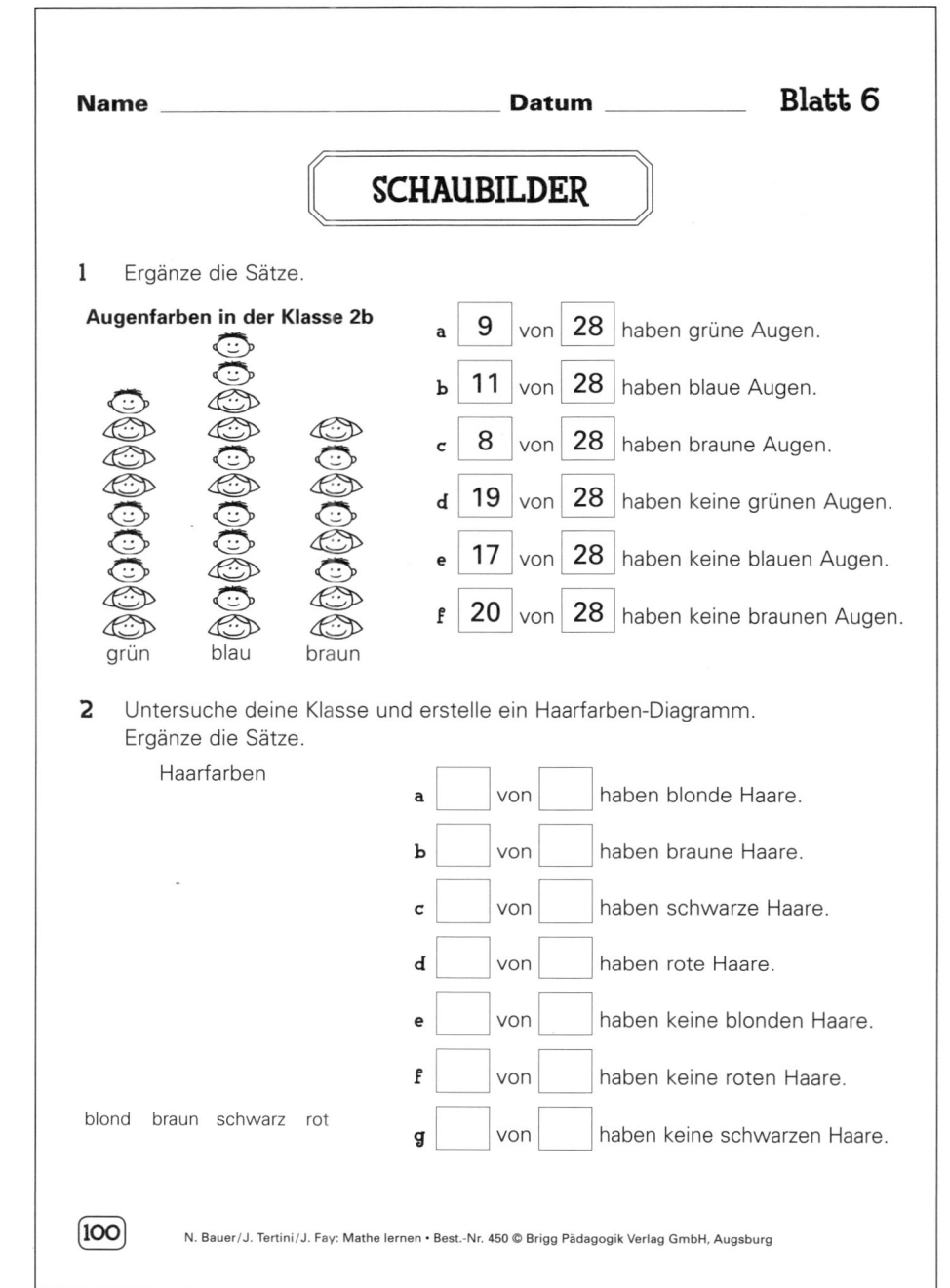

a Knöpfe — 4 von 6
b Bälle — 6 von 8
c Quadrate — 4 von 8
d Perlen — 4 von 9
e Münzen — 8 von 10
f Bonbons — 5 von 6
g Eis am Stiel — 3 von 6
h Luftballons — 6 von 10
i Marienkäfer — 3 von 8
j Schnecken — 6 von 9

LÖSUNGEN

Blatt 8

ÜBUNG: BRUCHTEILE

1 Jeder quadratische Kuchen hat 8 Stücke.
Mache Muster aus farbiger Glasur.
Male von jedem Kuchen eine Hälfte an.
Alle Kuchen sollen verschieden aussehen.

2 Zeichne 3 Quadrate auf ein Blatt Papier.
Teile jedes Quadrat in 16 gleich große Teile.
Male von jedem Quadrat in unterschiedlichen Mustern die Hälfte an.

Blatt 7

TEST: BRUCHTEILE

1 Wie viele Dinge sind in jeder Menge eingekreist?

a 2 von 6   b 1 von 3   c 4 von 7   d 3 von 5

2 Male den angegebenen Teil der Figur an.

a drei von acht   b eins von zwei   c zwei von vier
e 3 von 4   f 1 von 3   g 5 von 6   h 8 von 12

3 Welcher Teil ist grau?

a 1 von 4   b 2 von 3   c 6 von 12   d 2 von 4

4 Male jeweils die halbe Figur an.

a   b   c   d   e   f

5 Male an.

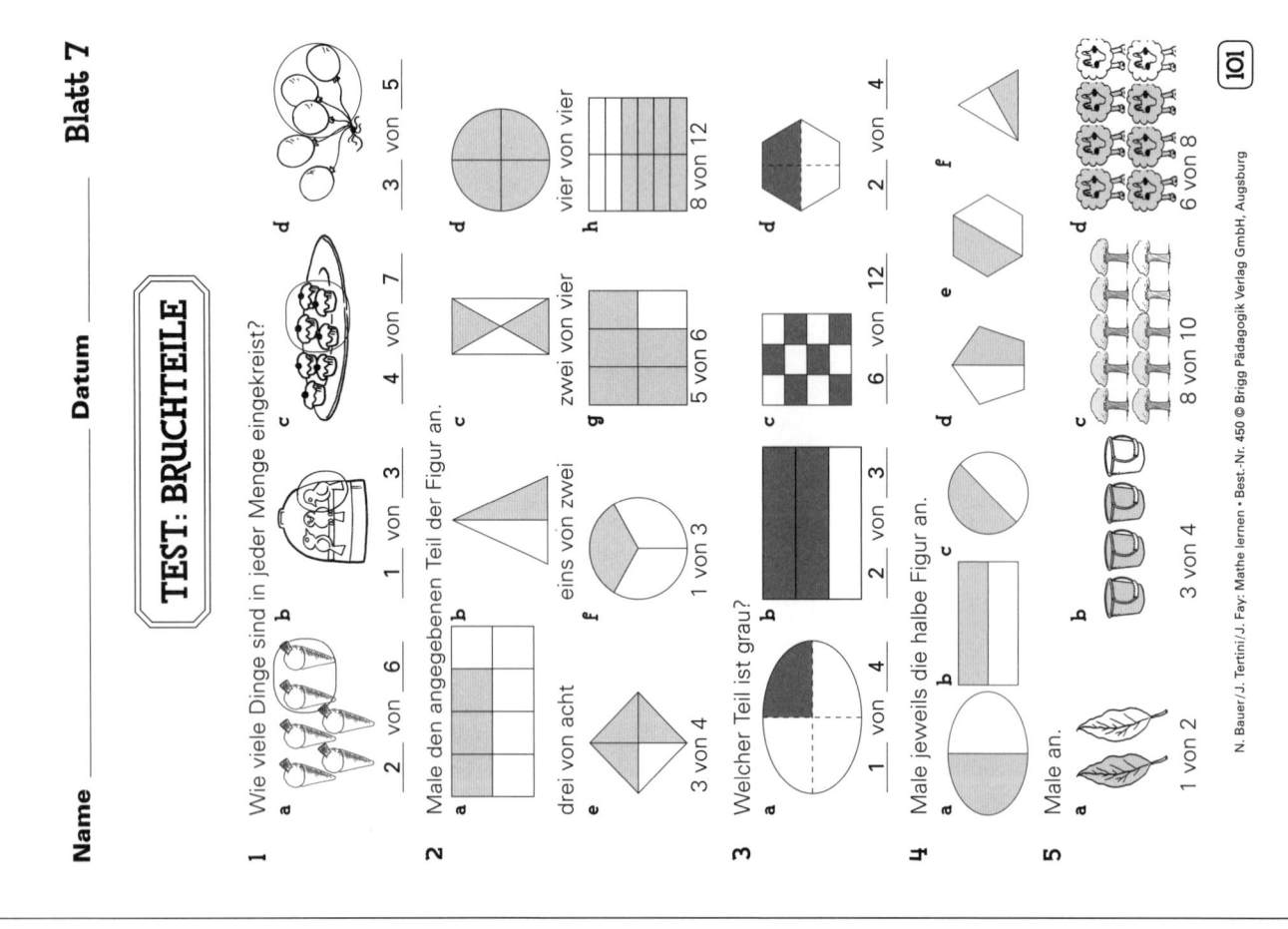

a 1 von 2   b 3 von 4   c 8 von 10   d 6 von 8

LÖSUNGEN

Name _____ Datum _____ Blatt 2

BRUCHTEILE ZUORDNEN

1 Verbinde jede Menge mit der passenden Zahlenangabe.

$\frac{1}{2}$ $\frac{1}{4}$ $\frac{1}{3}$

105

Name _____ Datum _____ Blatt 1

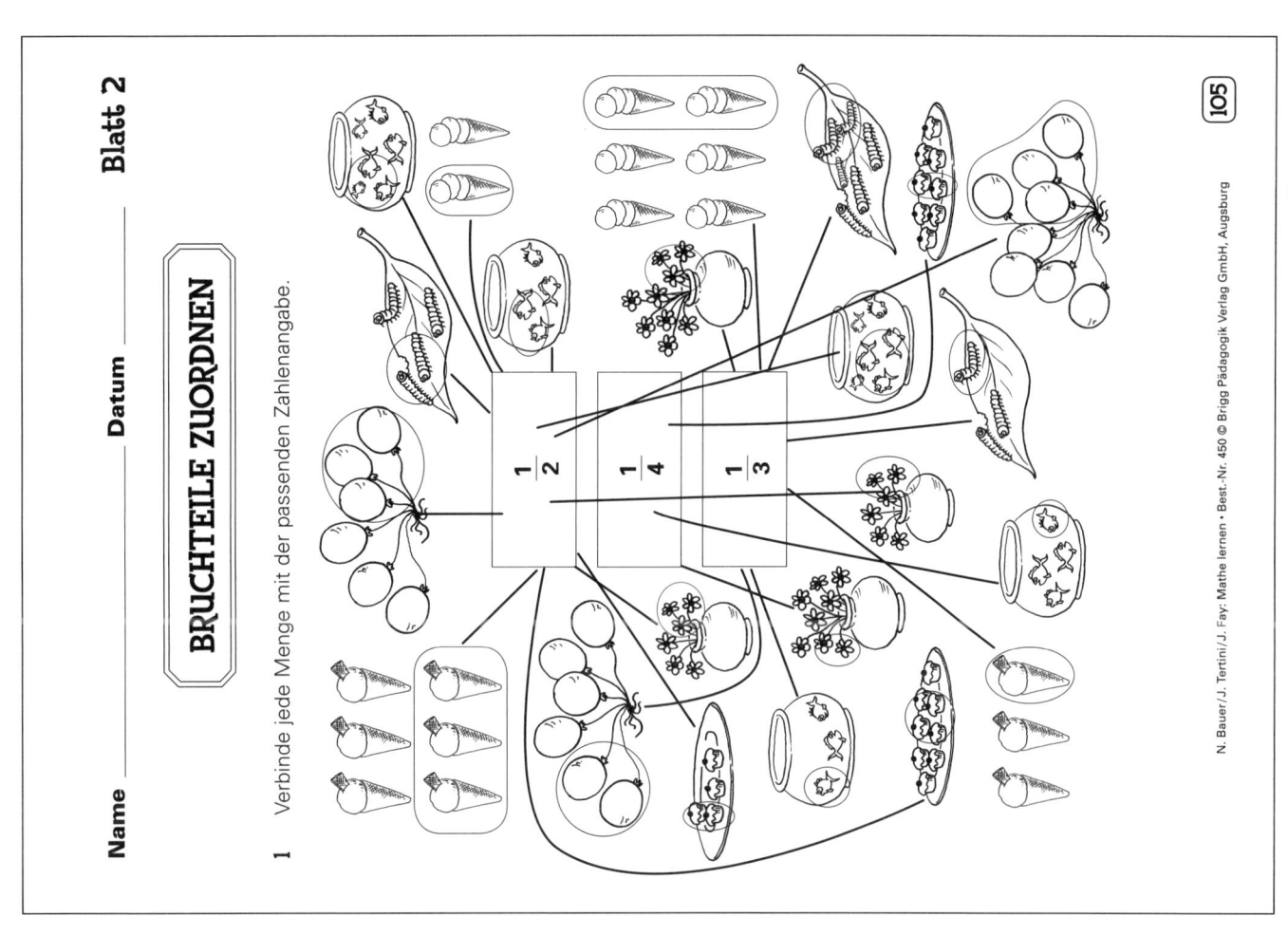

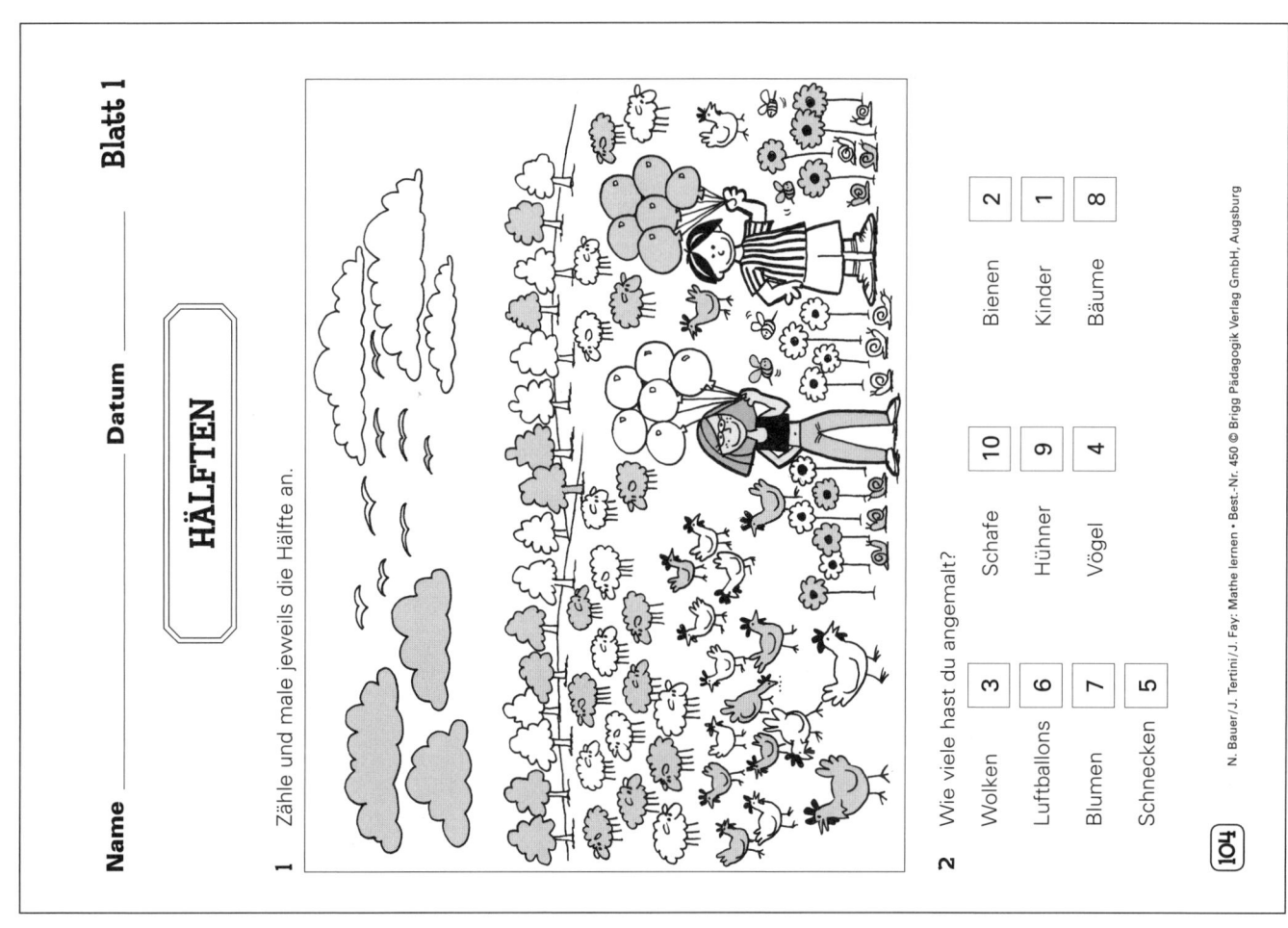

HÄLFTEN

1 Zähle und male jeweils die Hälfte an.

2 Wie viele hast du angemalt?

Wolken	3	Schafe	10	Bienen	2
Luftballons	6	Hühner	9	Kinder	1
Blumen	7	Vögel	4	Bäume	8
Schnecken	5				

104

N. Bauer/J. Tertini/J. Fay: Mathe lernen • Best.-Nr. 450 © Brigg Pädagogik Verlag GmbH, Augsburg

LÖSUNGEN

Blatt 4 — RICHTIGE ANGABEN

1 Mache ein Häkchen an die passenden Flächen.

2 Mache ein Häkchen, wenn die richtige Menge eingekreist ist.

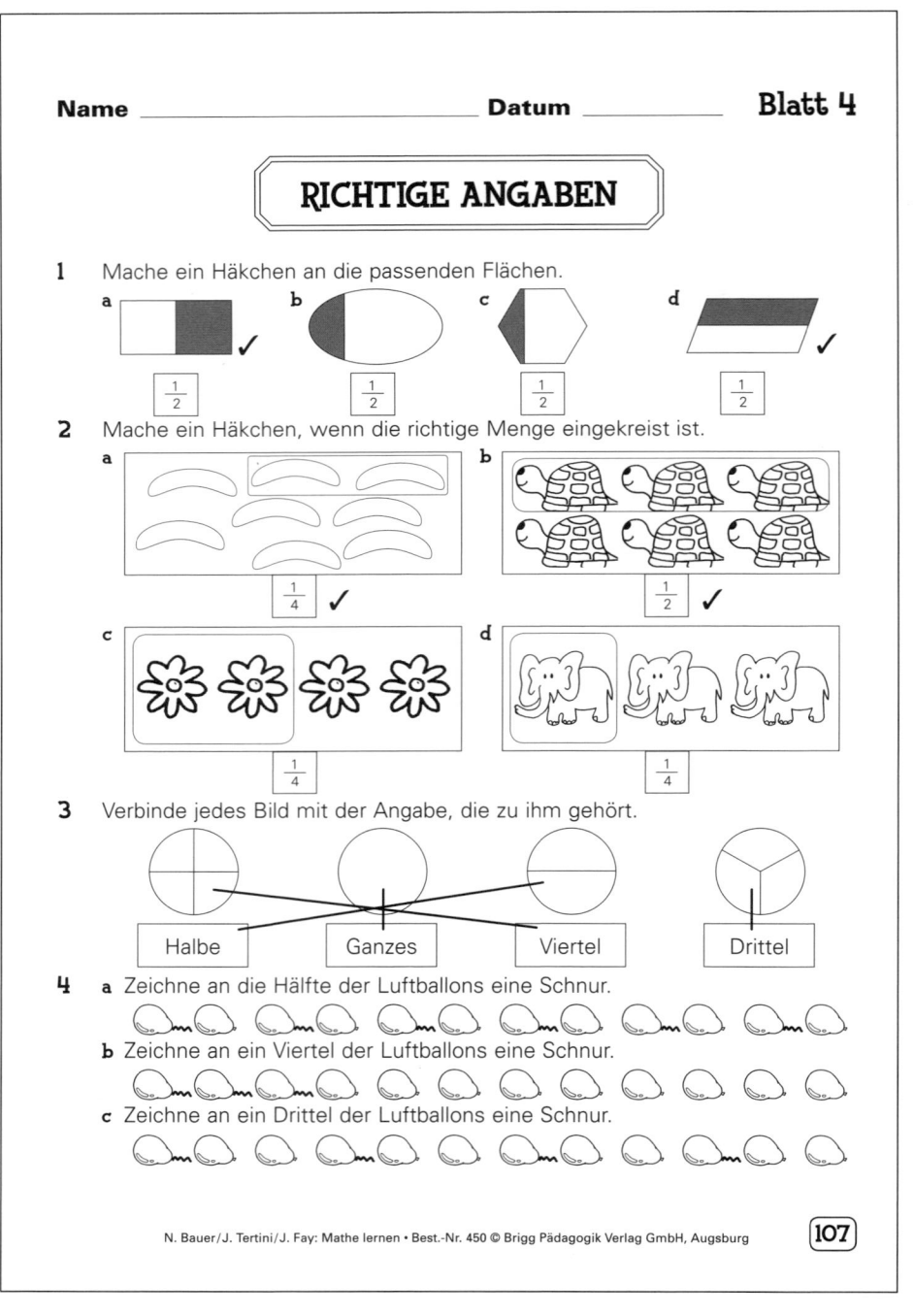

3 Verbinde jedes Bild mit der Angabe, die zu ihm gehört.

Halbe — Ganzes — Viertel — Drittel

4
a Zeichne an die Hälfte der Luftballons eine Schnur.
b Zeichne an ein Viertel der Luftballons eine Schnur.
c Zeichne an ein Drittel der Luftballons eine Schnur.

Blatt 3 — VIERTEL

1 Zerlege die Menge in Viertel, indem du die Dinge einkreist; male jeweils eins der Viertel an.

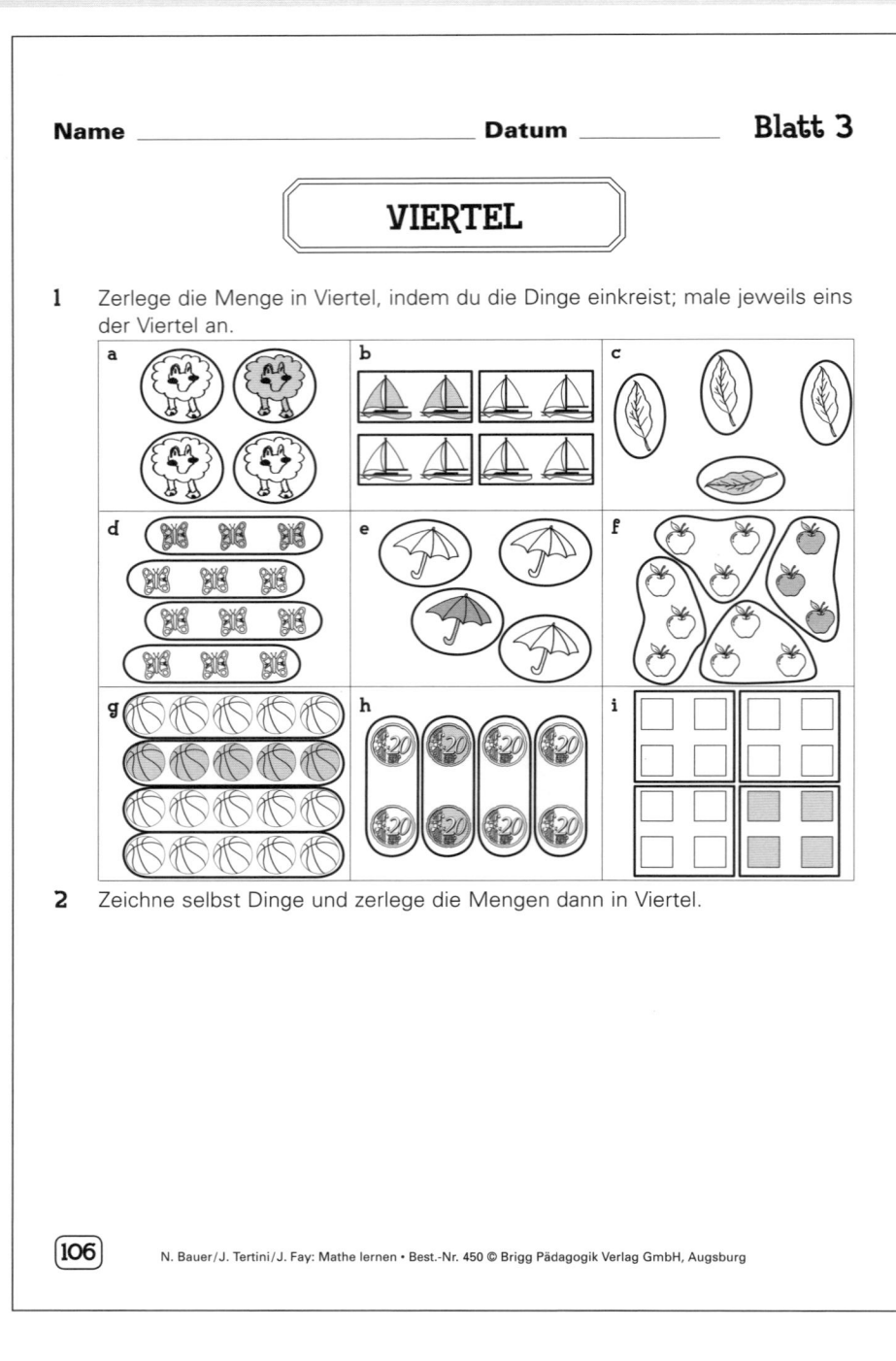

2 Zeichne selbst Dinge und zerlege die Mengen dann in Viertel.

Blatt 6 — AUFGABEN

1 Male an und löse so die Aufgaben.

a Die Hälfte der Schafe ist weiß; der Rest ist schwarz.
Wie viele Schafe sind schwarz? __4__

b Die Hälfte der Autos auf dem Parkplatz ist weiß, ein Viertel ist rot, ein Viertel ist blau.
Wie viele Autos sind weiß? __8__   Wie viele Autos sind rot? __4__
Wie viele Autos sind blau? __4__

c Ein Drittel der Blumen ist rot, ein Drittel ist blau und ein Drittel gelb. Wie viele Blumen sind rot __2__, blau __2__, gelb __2__?

2 Denke dir selbst eine Aufgabe aus.

3 Male die Figuren an und löse so die Aufgabe.

Ⓡ Ⓡ Ⓡ Ⓑ Ⓖ Ⓖ
☐R ☐R ☐R ☐G ☐G ☐G
△B △B △B △G △G △R

Von den Kreisen und Quadraten ist jeweils die Hälfte rot.
Ein Viertel der Kreise und die Hälfte der Dreiecke sind blau.
Ein Viertel der Kreise ist gelb und eine Hälfte der Quadrate auch.
Ein Viertel der Dreiecke ist rot, ein Viertel ist gelb.

Wie viele sind es?
rot __4__   blau __2__   gelb __2__
rot __4__   blau __0__   gelb __4__
rot __2__   blau __4__   gelb __2__

Blatt 5 — HÄLFTEN UND VIERTEL

1 Zeichne Bilder, um die Aufgaben zu lösen.

a Von 4 Luftballons hat die Hälfte eine Schnur die andere Hälfte nicht.

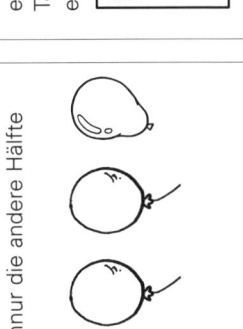

b Von insgesamt 8 Keksen liegt eine Hälfte auf einem blauen Tablett, die andere Hälfte auf einem gelben.

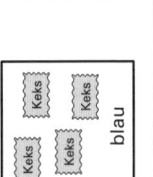

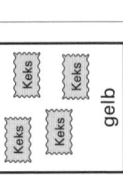

c Du siehst 12 Schnecken. Ein Viertel von ihnen kriecht auf einem kleinen Blatt, ein Viertel auf einem kleinen Blatt, und ein Viertel ist auf dem Boden.
Wie viele fehlen noch? __3__
Zeichne die Blätter mit den Schnecken darauf.

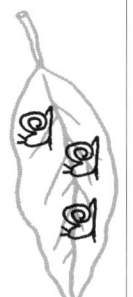

d Von 8 Äpfeln hängt eine Hälfte auf dem Baum und die andere Hälfte liegt darunter.

e Du siehst 6 Schafe. Eine Hälfte von ihnen befindet sich auf einer Weide und die andere Hälfte auf einer anderen Weide.

LÖSUNGEN

Name _____ **Datum** _____ **Blatt 7**

TEST: BRUCHTEILE

1 Kreise immer die halbe Menge ein.
  a   b   c

2 Kreise immer ein Viertel der Menge ein.
  a   b

3 a Gib der Hälfte der Boote eine Flagge.
  b Zeichne eine Biene an die Hälfte der Bienenstöcke.
  c Zeichne ein Ei in ein Viertel der Eierbecher.
  d Setze einem Viertel der Kinder eine Mütze auf.

4 Zeichne passende Trennlinien ein.
  a $\frac{1}{4}$ b $\frac{1}{2}$ c $\frac{1}{2}$ d $\frac{1}{4}$ e $\frac{1}{4}$

5 a
  Male die Hälfte der Fische rot an.
  Male ein Viertel der Fische gelb an.
  Male ein Viertel der Fische blau an.
  Wie viele Fische sind rot? __6__
  Wie viele Fische sind blau? __3__
  Wie viele Fische sind gelb? __3__

  b Zeichne 8 Schnecken, die Hälfte von ihnen auf das Blatt und die andere Hälfte daneben.

110

MUSTER UND FOLGEN

Durch die Beschäftigung mit Zahlenmustern und -folgen lernen die Schülerinnen und Schüler, dass Mathematik nicht nur aus der reinen Ausführung von Operationen für Zahlen und Figuren besteht, sondern auch aus Beobachten, Verallgemeinern, Veranschaulichen und überschlägigem Bewerten.

In diesen Lerneinheiten werden Muster untersucht; dazu werden Eins-zu-eins-Zuordnungen vorgenommen, Figurenmuster fortgesetzt, Muster aus Legeplättchen gebildet, fehlende Bestandteile ergänzt und Muster durch Spiegeln, Verschieben und Drehen von Figuren erzeugt. Zahlenfolgen werden fortgesetzt, dabei wird ihr Bildungsgesetz ermittelt und formuliert. Im Hunderterfeld gebildete Muster werden erklärt.

Am Ende des Kapitels steht ein Spiel zum Vierfarbenproblem.

Außerdem gibt es zwei Seiten mit je einem Test.

MUSTER UND FOLGEN

LERNEINHEIT 1
Übereinstimmung
Vergleichen
Muster fortsetzen
Stapelmuster
Punkte und Linien

Lernziele

Die Schülerinnen und Schüler

- ordnen kongruente Figuren und andere Objekte einander zu.
- drehen Dinge und ordnen sie neu, um sie in Umrisse einzupassen.
- erkennen, ergänzen und bilden einfache räumliche Muster.
- wählen und benutzen Gegenstände, um Muster zu bilden.
- zeichnen Linien in Umrisse und stellen so Gleichheit von Objekten her.
- stellen mit Zahlenfolgen sich wiederholende Muster dar.
- erzeugen Stapelmuster aus räumlichen Objekten.
- entwerfen dekorative Muster.

Arbeitsblätter

1 Eindeutige Zuordnung – identische Figuren zuordnen; ähnliche Figuren zusammenfassen
* Buntstifte

2 Folgen fortsetzen – Folgen logisch fortsetzen

3 Legeplättchen – Legeplättchen mit einem Stift umfahren und Muster fortsetzen; eigene Muster aus Legeplättchen bilden
* Legeplättchen, Buntstifte

4 Linien einzeichnen – Muster fortsetzen

5 Muster bilden – das nächste Folgenglied zeichnen; Stapelmuster nachbilden; eigene Stapelmuster entwerfen und zeichnen
* Bauklötze, Dominosteine

6 Punkte und Linien – Muster vervollständigen; eigene Muster entwerfen
* Buntstifte

7 Test
* Buntstifte, Legeplättchen

8 Übung – Farbenspiel
* Buntstifte

Weiterführende Übungen

- Perlen auf einer Schnur zu Mustern anordnen.
- Muster in der Musik erraten, z.B. den Takt schlagen und zeichnen.
- Muster aus Wellpappe entdecken.
- Ein gemeinsames oder individuelles Buch mit Mustern anlegen, in dem verschiedene Beispiele von Musterbildungen gesammelt werden.
- Muster mit den Schülerinnen und Schülern als Objekten bilden.
- Farbliche Muster in Gummi- oder Kartoffeldruck herstellen.
- Papier zu Mustern falten und schneiden.
- Muster aus Stäben, Klötzen und anderen geeigneten Gegenständen bilden.

Hinweis

- Musterbildungen mit möglichst vielen Begriffen beschreiben.
- Auf Muster in der Natur und der geschaffenen Umgebung hinweisen.
- Mosaiken als Muster erklären.

Name _____ **Datum** _____ **Blatt 1**

EINDEUTIGE ZUORDNUNG

1 Male die Figur an, die genauso aussieht wie die erste.

a

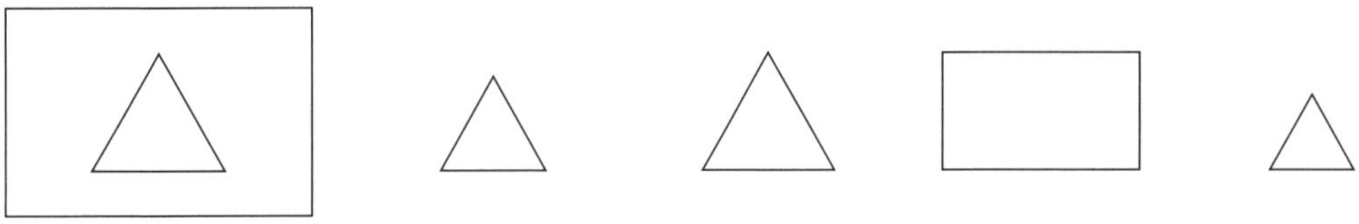

b

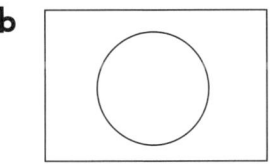

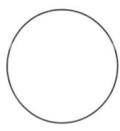

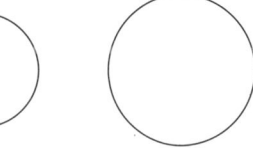

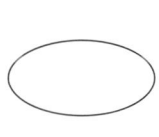

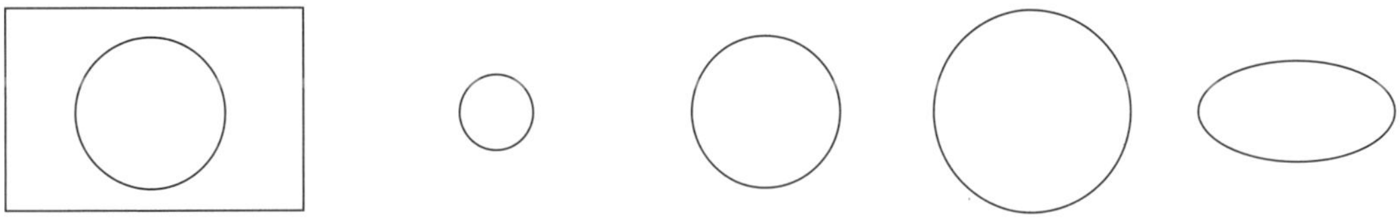

c

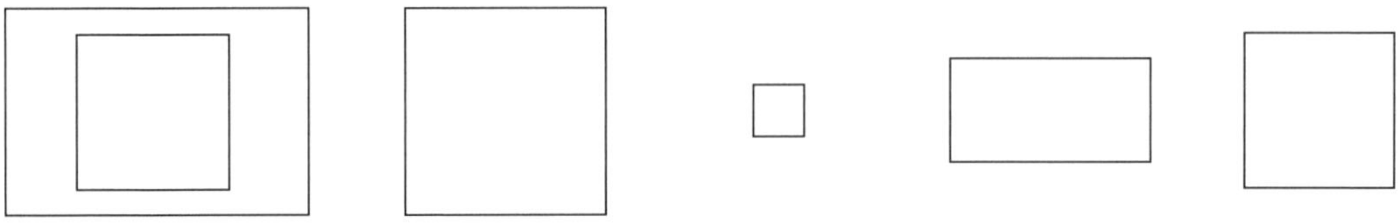

d

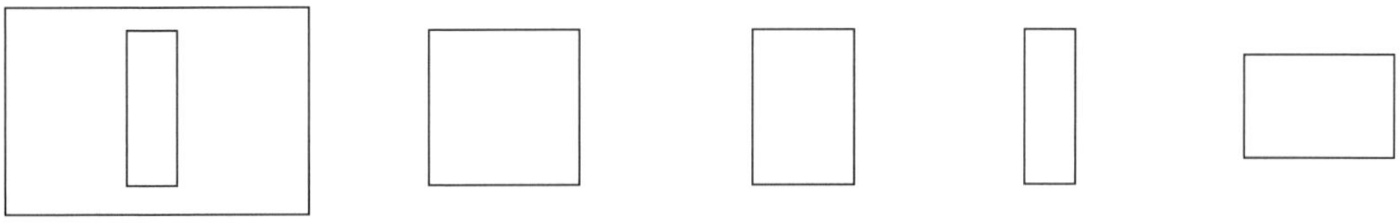

2 Male die kleinen Figuren rot, die mittelgroßen blau und die großen grün an.

Name _____ **Datum** _____ Blatt 2

FOLGEN FORTSETZEN

1 Setze die Folgen fort.

a △, ⊙, △, ⊙, ____, ____, ____, ____

b ♡, ▭, ♡, ▭, ____, ____, ____, ____

c ⊠, ∿, ⊠, ∿, ____, ____, ____, ____

d 1, 3, 1, 3, ____, ____, ____, ____

e 10, 20, 10, 20, ____, ____, ____, ____

2 Setze die Folgen fort.

a △, ⊙, ▦, △, ____, ____, ____

b 🌳, ☾, ⌂, 🌳, ____, ____, ____

c 1, 3, 5, 1, 3, 5, ____, ____, ____, ____

d 12, 22, 32, 42, ____, ____, ____, ____

Name _____ **Datum** _____ **Blatt 3**

LEGEPLÄTTCHEN

1 Setze die Muster fort.

   a

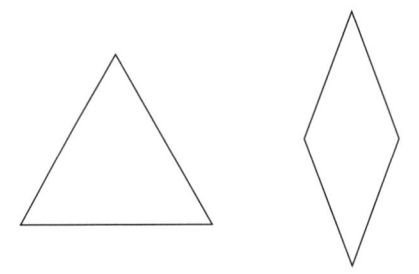

   b

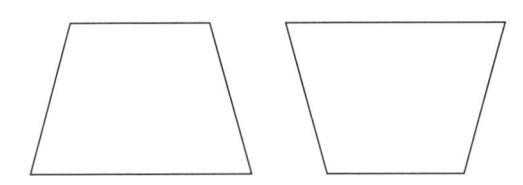

   c

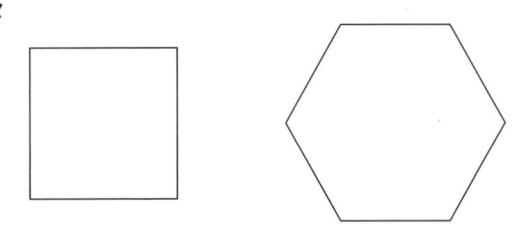

   d

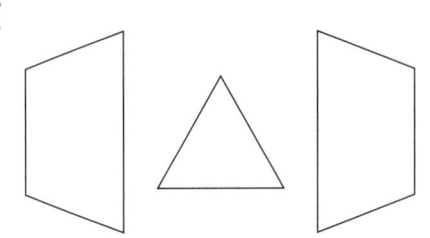

   e

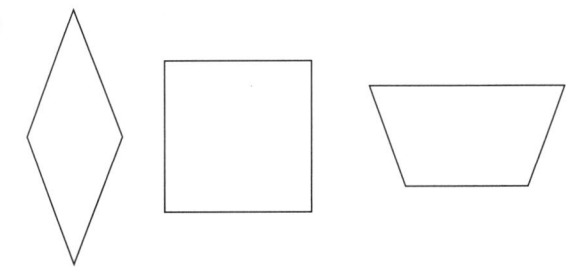

2 Auf der Rückseite kannst du mit Legeplättchen eigene Muster entwerfen und anmalen.

Name _____ Datum _____ Blatt 4

LINIEN EINZEICHNEN

1 Zeichne Linien so ein, dass alle vier Figuren gleich aussehen.

   a

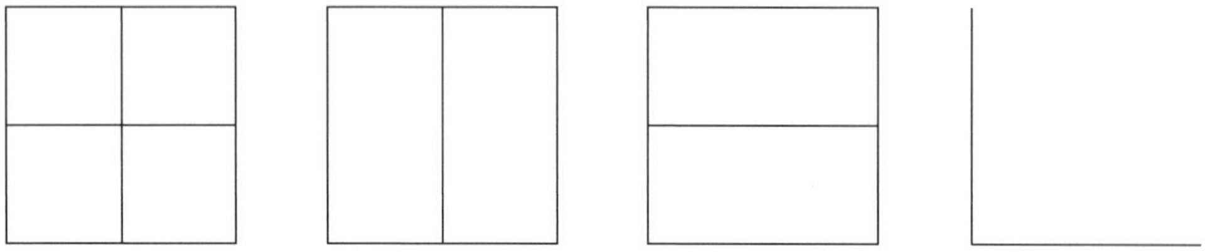

   b

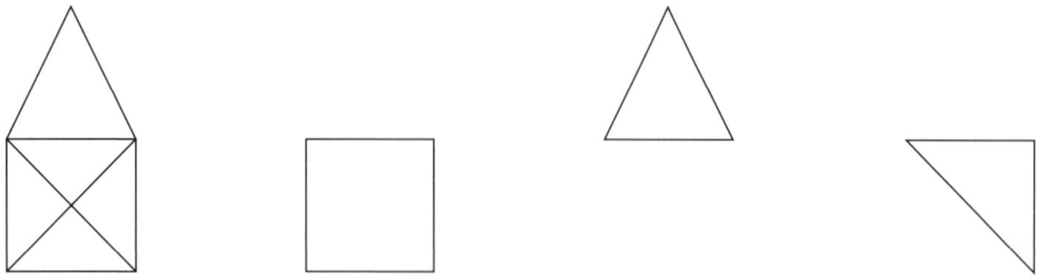

2 Bilde Folgen wie im Beispiel.

   z.B.

   a

   b

   c

Name _____ **Datum** _____   **Blatt 5**

MUSTER BILDEN

1   Zeichne ein, was als nächstes kommt.

  a

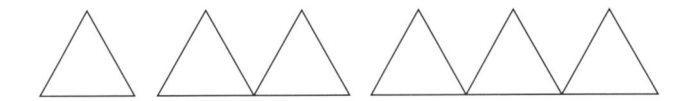

  b

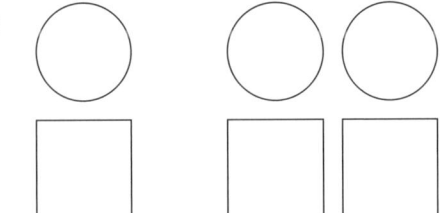

  c

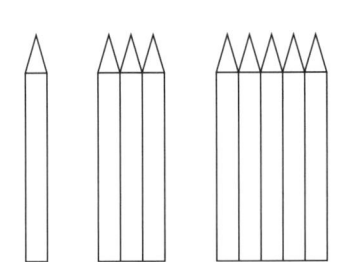

2   Benutze Bauklötze zum Nachbauen.

  a   **b**

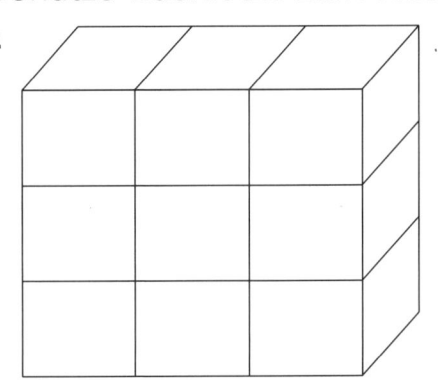

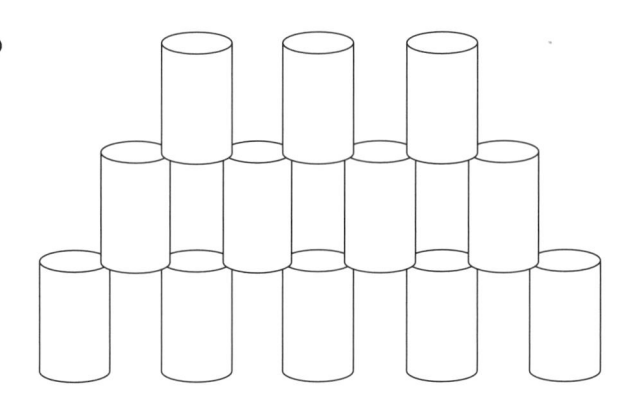

3   Du kannst Dominosteine und andere Klötze zu Figurenmustern stapeln.

Name _____ Datum _____ Blatt 6

PUNKTE UND LINIEN

1 Setze die Muster fort. Die Punkte helfen dir dabei.

a

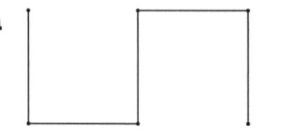

b

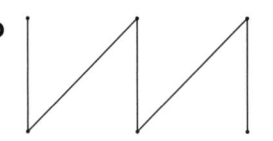

c

d

2 Male bunte Muster in die Zeichnung.

Name _____ **Datum** _____ **Blatt 7**

TEST: MUSTER UND FOLGEN

1 Male die Figur an, die zur ersten passt.

a

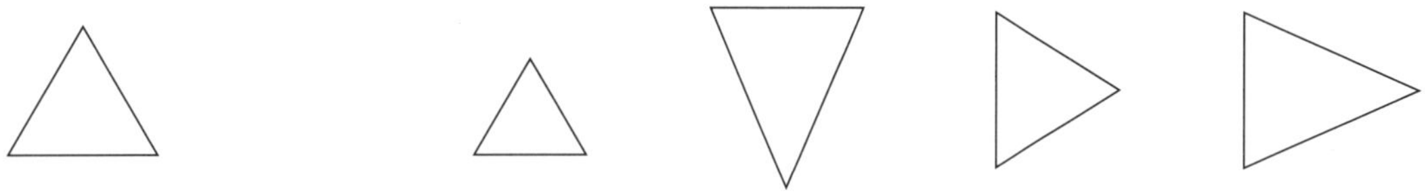

b

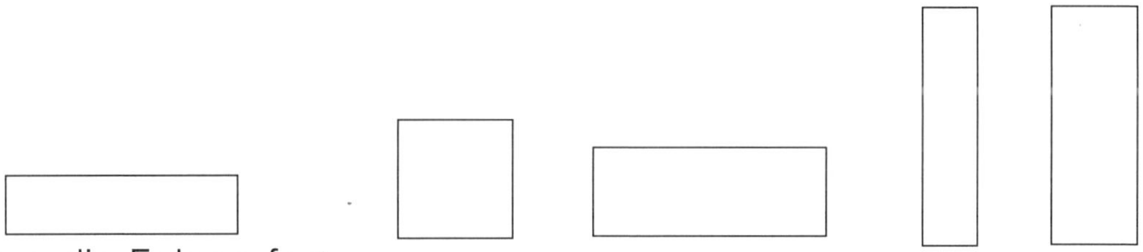

2 Setze die Folgen fort.

a

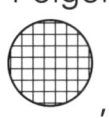

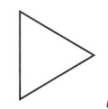

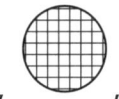

b 99, 89, 79, _____, _____, _____, _____, _____

c

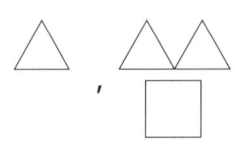

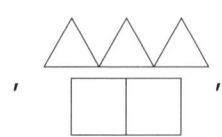

3 Bilde Folgen wie im Beispiel.

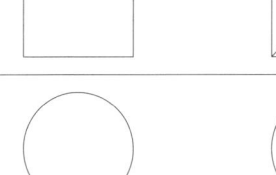

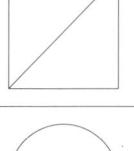

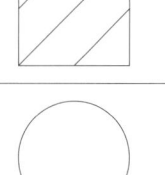

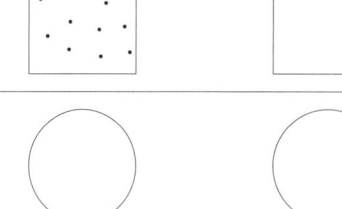

z.B.

a

b

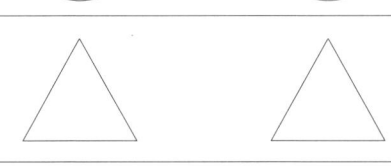

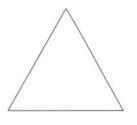

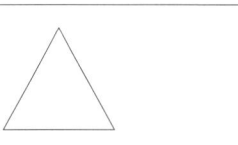

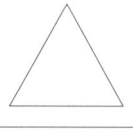

4 Auf der Rückseite kannst du Legeplättchen mit einem Stift umfahren und so verschiedene Muster erzeugen und anmalen.

N. Bauer/J. Tertini/J. Fay: Mathe lernen • Best.-Nr. 450 © Brigg Pädagogik Verlag GmbH, Augsburg

Name _____ **Datum** _____ **Blatt 8**

ÜBUNG: FARBENSPIEL

2 Mitspieler

Material: mehrere Kopien des Spielplans
je Spieler: vier Buntstifte (rot, blau, grün, gelb)

Spielanleitung: Die Spieler malen abwechselnd jeweils ein Feld aus.

Flächen gleicher Farbe dürfen sich nicht an einer Seite berühren; z.B. darf keine der mit ‚x' markierten Flächen dieselbe Farbe haben wie die schattierte Fläche.

Wer als letzter ein Feld ausfüllen kann, hat gewonnen.

Hinweis: Manchmal können nicht alle Felder ausgemalt werden!

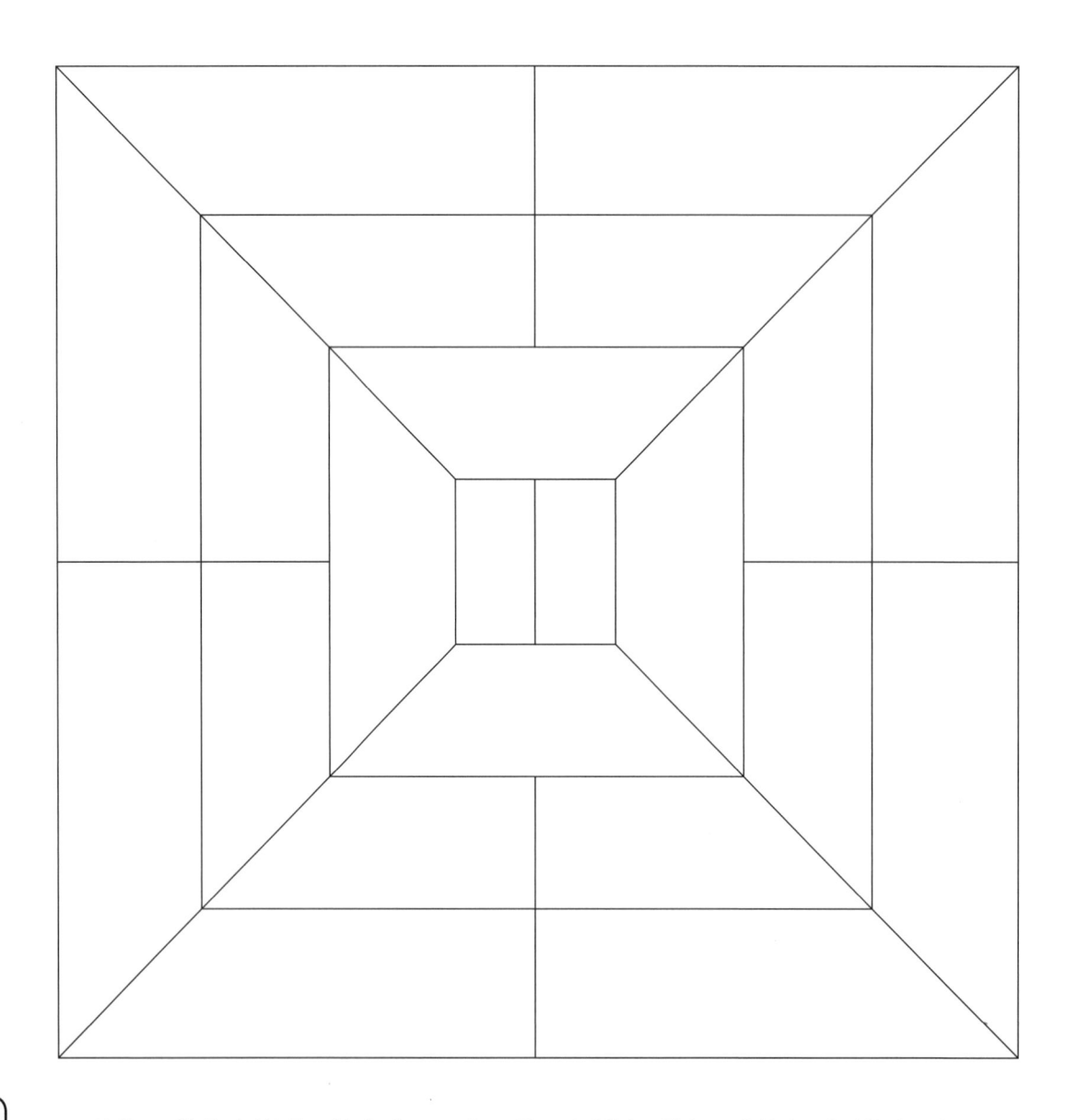

MUSTER UND FOLGEN

LERNEINHEIT 2
Muster
Umklappen, Spiegeln
Verschieben
Drehen
Symmetrie
Hunderterfeld

Lernziele

Die Schülerinnen und Schüler

- erkennen, ergänzen und erfinden Folgen natürlicher Zahlen, einschließlich des Falls, dass die Folgezahl jeweils durch Addition oder Subtraktion einer Konstanten gewonnen wird.

- stellen ein dekoratives Muster her.

- erzeugen Muster und wenden dabei einfache Vorschriften für Wiederholungen und Bewegungen von Dingen an.

- drücken sprachlich die Bildungsgesetze verschiedener Muster aus.

- zeichnen symmetrische Muster mithilfe einer Falzlinie.

- ermitteln und überprüfen Fortsetzungsregeln für Folgen.

- erkennen Muster im Hunderterfeld.

Arbeitsblätter

1 Muster vervollständigen – fehlende Teile einfügen
* Perlen, Schnur

2 Spiegeln, Schieben, Drehen – Legeplättchen umklappen, verschieben und drehen
* Legeplättchen, Buntstifte

3 Symmetrische Muster – Spiegelbilder zeichnen
* Spiegel

4 Folgen und ihre Regeln – Folgen fortsetzen und Regeln formulieren; eigene Zahlenfolgen erfinden

5 Muster im Hunderterfeld – Muster bilden; Entstehung von Mustern erklären
* Buntstifte

6 Streichholz-Aufgaben – Muster aus Streichhölzern legen; Regeln erklären
* Streichhölzer

7 Test
* Spiegel, Legeplättchen

Weiterführende Übungen

- Verschiedene Muster auf dem Display eines Taschenrechners erzeugen.

- Arbeitsblätter mit Rand-Ornamenten verzieren.

- Zahlenfolgen am Zahlenstrahl erläutern und veranschaulichen.

- Multiplikationstafeln und die darin enthaltenen Additionsregeln zusammen mit sich ergebenden Mustern besprechen.

- Verschiedene Arten von Mosaikmustern entwerfen, malen und dann als Bucheinband verwenden.

Hinweise

- Musterbildungen mit möglichst vielen Begriffen beschreiben.

- Auf Muster in der Natur und der geschaffenen Umgebung hinweisen.

- Mosaiken und die Orte ihres Auftretens besprechen.

MUSTER VERVOLLSTÄNDIGEN

1 Ergänze.

a A, B, A, _____, _____, _____, A, _____, A

b 2, 4, _____, 4, _____, _____, 2, _____, _____

c 10, _____, 10, 11, _____, _____, _____, 11

d _____, ◯, △, ◯, _____, _____, △, _____

2 Ergänze.

a X, Y, Z, _____, Y, _____, X, _____, _____

b 1, _____, 5, _____, 3, 5, _____, 3, _____

c △, ⊠, _____, _____, ⊠, ◯, △, _____, _____

d _____, ↑, ↓, →, ←, _____, ↓, _____

3 Vervollständige die Muster.

4 Bilde eigene Muster aus Perlen und Fäden.

Name _____ **Datum** _____ **Blatt 2**

SPIEGELN, SCHIEBEN, DREHEN

Fahre mit einem Stift an den Legeplättchen entlang.

1 Klappe das Plättchen immer wieder um und bilde so ein Muster.

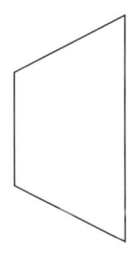

2 Verschiebe das Plättchen immer wieder und bilde so ein Muster.

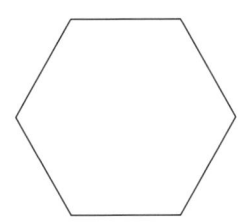

3 Drehe das Plättchen und bilde so ein Muster.

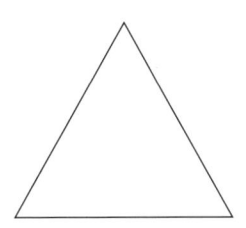

4 Zeichne Muster auf die Rückseite, indem du die Plättchen drehst und verschiebst. Male die Muster an und schreibe auf, wie du sie erzeugt hast.

SYMMETRISCHE MUSTER

1. Stelle einen Spiegel auf die gestrichelte Linie und zeichne dann das Spiegelbild an die richtige Stelle.

   a

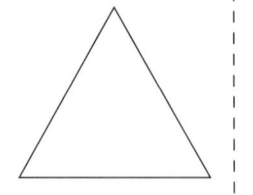

   b

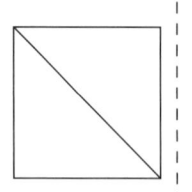

   c

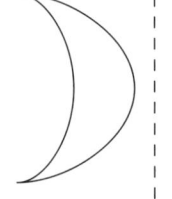

   d

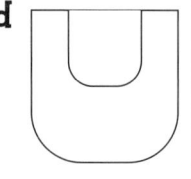

   e

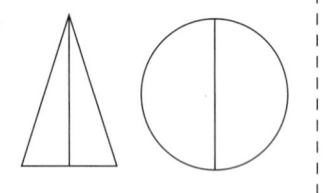

   f

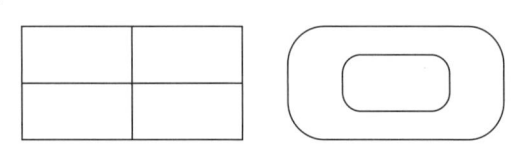

   g

2. Auf der Rückseite kannst du weitere Muster und ihr Spiegelbild zeichnen. Dabei kann dir ein Spiegel helfen.

Name _____ **Datum** _____ Blatt 4

FOLGEN UND IHRE REGELN

1 Setze jede Folge fort. Nach welcher Regel wird sie gebildet?

a 21, 31, 41, 51, _____, _____, _____, _____

Regel: _____

b 15, 25, 35, 45, _____, _____, _____, _____

Regel: _____

c 75, 70, 65, 60, _____, _____, _____, _____

Regel: _____

d 2, 4, _____, 8, 10, _____, _____, _____, _____

Regel: _____

2 Finde für jede Folge ihre Regel.

a 0, 3, 6, 9, 12   Regel: _____

b 27, 22, 17, 12, 7   Regel: _____

c 1, 2, 4, 8, 16   Regel: _____

d 50, 47, 44, 41, 38   Regel: _____

e 7, 14, 21, 28, 35   Regel: _____

3 Erfinde für deinen Partner eigene Zahlenfolgen und schreibe sie auf die Rückseite.

Name _____ Datum _____ **Blatt 5**

MUSTER IM HUNDERTERFELD

1 Wenn du bestimmte Zahlenfelder ausmalst, entstehen Muster:

a Beginne mit der 2 und addiere jeweils 11.

1	2	3	4	5	6	7	8	9	10
11	12	13	14	15	16	17	18	19	20
21	22	23	24	25	26	27	28	29	30
31	32	33	34	35	36	37	38	39	40
41	42	43	44	45	46	47	48	49	50
51	52	53	54	55	56	57	58	59	60
61	62	63	64	65	66	67	68	69	70
71	72	73	74	75	76	77	78	79	80
81	82	83	84	85	86	87	88	89	90
91	92	93	94	95	96	97	98	99	100

b Beginne mit der 81 und subtrahiere jeweils 9.

1	2	3	4	5	6	7	8	9	10
11	12	13	14	15	16	17	18	19	20
21	22	23	24	25	26	27	28	29	30
31	32	33	34	35	36	37	38	39	40
41	42	43	44	45	46	47	48	49	50
51	52	53	54	55	56	57	58	59	60
61	62	63	64	65	66	67	68	69	70
71	72	73	74	75	76	77	78	79	80
81	82	83	84	85	86	87	88	89	90
91	92	93	94	95	96	97	98	99	100

c Welche Muster hast du erhalten?

_____

2

1	2	3	4	5	6	7	8	9	10
11	12	13	14	15	16	17	18	19	20
21	22	23	24	25	26	27	28	29	30
31	32	33	34	35	36	37	38	39	40
41	42	43	44	45	46	47	48	49	50
51	52	53	54	55	56	57	58	59	60
61	62	63	64	65	66	67	68	69	70
71	72	73	74	75	76	77	78	79	80
81	82	83	84	85	86	87	88	89	90
91	92	93	94	95	96	97	98	99	100

a Beginne mit der 2 und addiere jeweils 2. Male die Zahlenfelder grün aus.

b Beginne mit der 1 und addiere jeweils 2. Mal die Zahlenfelder rot aus.

c Welches Ergebnis hast du erhalten? _____

d Welche Zahlen stehen in den grünen Feldern? _____

e Welche Zahlen stehen in den roten Feldern? _____

Name _____ Datum _____ Blatt 6

STREICHHOLZ-AUFGABEN

1 Du benötigst 3 Stäbchen, um ein Dreieck zu legen:

a Wie viele Stäbchen benötigst du mindestens, um 5 gleich große Dreiecke zu legen?

Meine Vermutung: _____

Überprüfe deine Antwort, indem du die Dreiecke bildest und hier zeichnest.

Ich habe _____ Stäbchen benötigt.

b Wie viele Stäbchen benötigst du mindestens, um 10 gleich große Dreiecke zu legen?

Meine Vermutung: _____

Überprüfe deine Antwort, indem du die Dreiecke bildest und hier zeichnest.

Ich habe _____ Stäbchen benötigt.

c Was hast du herausgefunden? _____

_____

2 Auf der Rückseite kannst du die Übung mit 3 und 6 Quadraten wiederholen. Was bemerkst du? Erfinde selbst ein Muster aus anderen Figuren.

Name _____ **Datum** _____ **Blatt 7**

TEST: MUSTER UND FOLGEN

1 Setze die Folgen fort.

   a C, S, C, S, _____, _____, _____, _____

   b 45, 35, 25, _____, 35, _____, 45, _____

   c ⊕, ⊠, _____, ⊙, _____, ⊠, △, _____, _____, _____

2 Erzeuge mit einem Spiegel ein Spiegelbild und zeichne es dazu.

   a

   b

3 Setze jede Folge fort und schreibe auf, nach welcher Regel sie gebildet wird.

   a 0, 7, 14, 21, _____, _____, _____, _____

   Regel: _____

   b 95, 90, 85, 80, _____, _____, _____, _____

   Regel: _____

   c 2, 4, _____, 8, _____, _____, _____, _____, _____

   Regel: _____

4 Erzeuge auf der Rückseite Muster, indem du Legeplättchen verschiebst oder drehst und jedes Mal den Rand mit einem Stift umfährst.

LÖSUNGEN

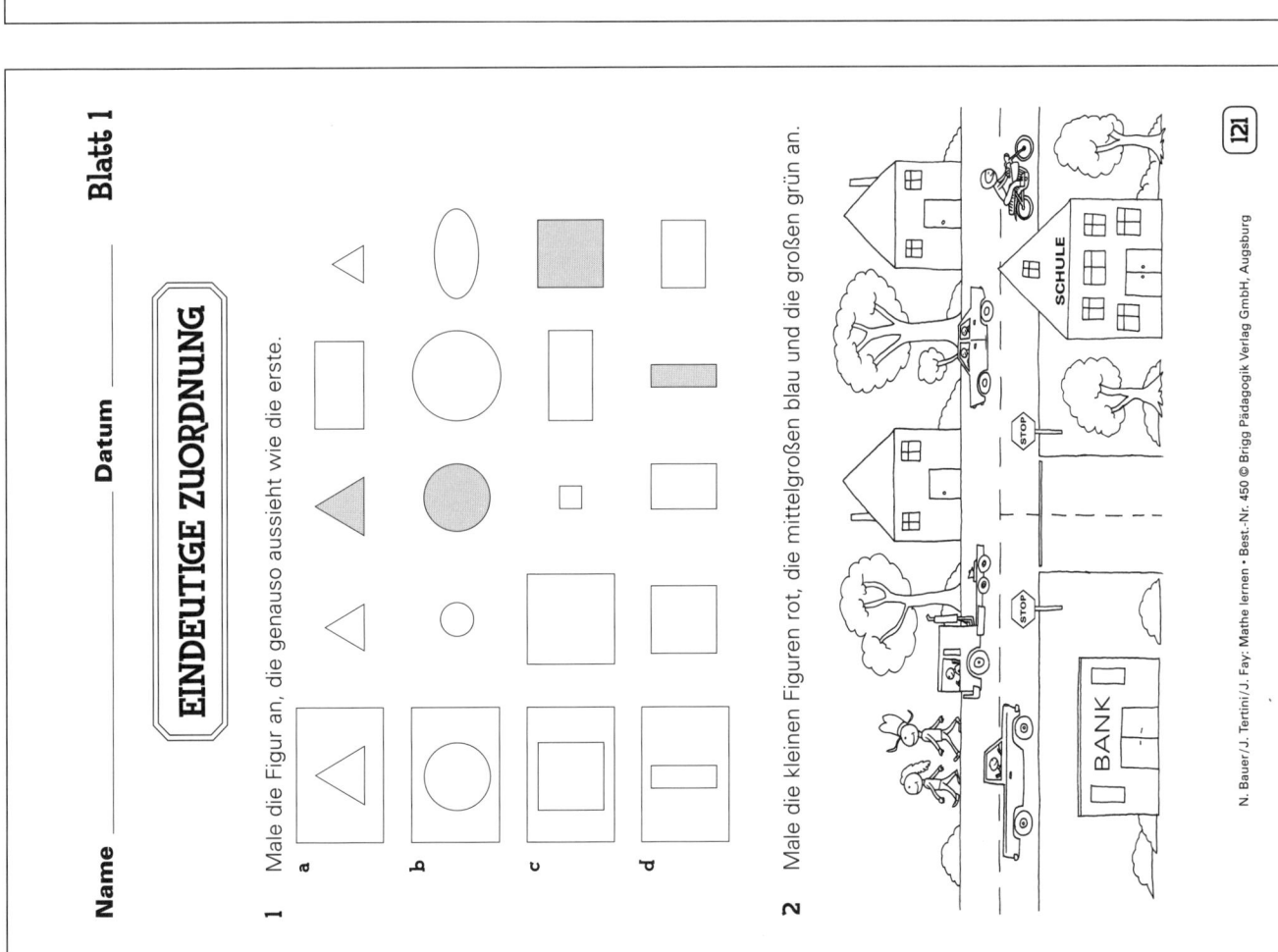

Name _____ Datum _____ Blatt 2

FOLGEN FORTSETZEN

1 Setze die Folgen fort.

a △, ◉, △, ◉, △, ◉

b ♡, ▭, ♡, ▭, ♡, ▭

c ⊠, ∽, ⊠, ∽, ⊠, ∽

d 1, 3, 1, 3, 1, 3, 1, 3

e 10, 20, 10, 20, 10, 20, 10, 20

2 Setze die Folgen fort.

a △, ⊞, △, ⊞, △, ⊞

b 🌳, ⌂, 🌙, ⌂, 🌳, ⌂

c 1, 3, 5, 1, 3, 5, 1, 3, 5, 1

d 12, 22, 32, 42, 52, 62, 72, 82

122

Name _____ Datum _____ Blatt 1

EINDEUTIGE ZUORDNUNG

1 Male die Figur an, die genauso aussieht wie die erste.

a

b

c

d

2 Male die kleinen Figuren rot, die mittelgroßen blau und die großen grün an.

121

LÖSUNGEN

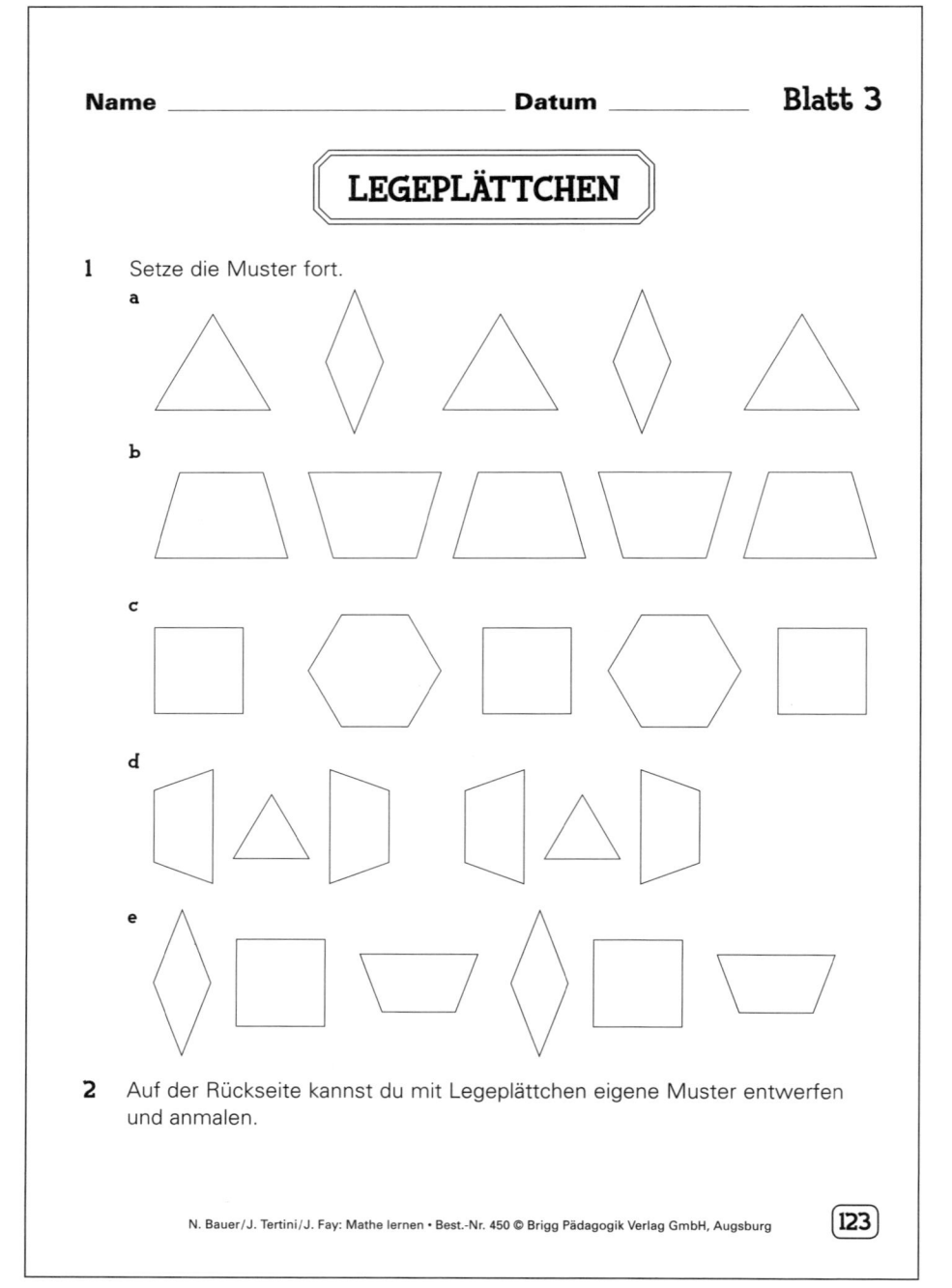

Name ——— Datum ——— **Blatt 4**

LINIEN EINZEICHNEN

1 Zeichne Linien so ein, dass alle vier Figuren gleich aussehen.

a

b

2 Bilde Folgen wie im Beispiel.
z.B.

a

b

c

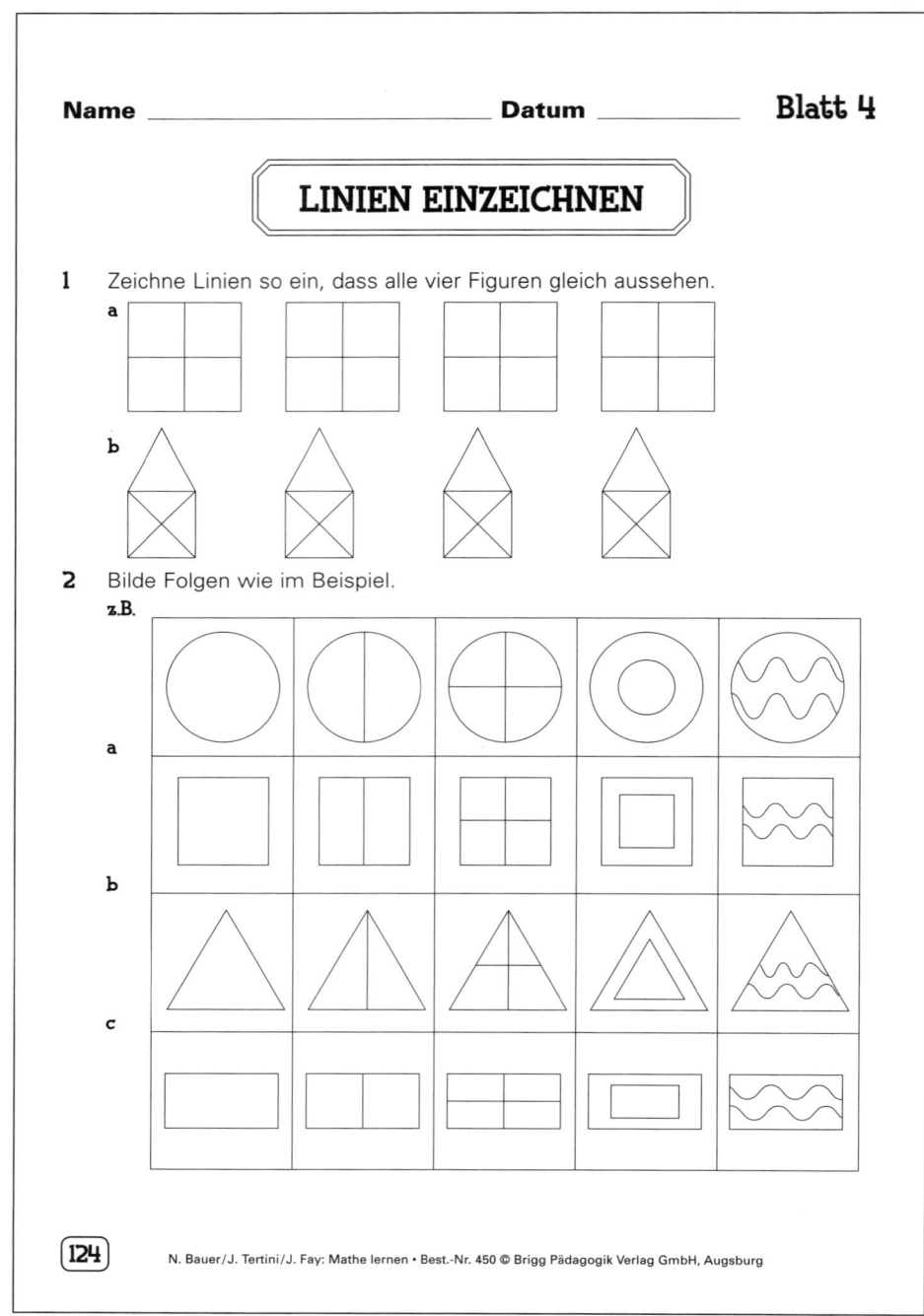

124

Name ——— Datum ——— **Blatt 3**

LEGEPLÄTTCHEN

1 Setze die Muster fort.

a

b

c

d

e

2 Auf der Rückseite kannst du mit Legeplättchen eigene Muster entwerfen und anmalen.

123

LÖSUNGEN

Blatt 6

Name _____ **Datum** _____

PUNKTE UND LINIEN

1 Setze die Muster fort. Die Punkte helfen dir dabei.

a
b
c
d

2 Male bunte Muster in die Zeichnung.

Blatt 5

Name _____ **Datum** _____

MUSTER BILDEN

1 Zeichne ein, was als nächstes kommt.

a
b
c

2 Benutze Bauklötze zum Nachbauen.

a
b

3 Du kannst Dominosteine und andere Klötze zu Figurenmustern stapeln.

LÖSUNGEN

Blatt 1 — MUSTER VERVOLLSTÄNDIGEN

1 Ergänze.

a A, B, A, __B__, A, __B__, A, __B__, A

b 2, 4, __2__, 4, __2__, 4, __2__, 4, 2

c 10, __11__, 10, 11, __10__, 11, __10__, 11

d ○, △, ○, △, __○__, __△__, __○__, △, __○__

2 Ergänze.

a X, Y, Z, __X__, Y, Z, __X__, Y, Z

b 1, __3__, 5, 1, __3__, 5, 1, __3__, 5

c △, __○__, ⊠, △, ○, ⊠, △, __○__, ⊠

d __↓__, ←, ↑, →, ↓, ←, ↑, →, __↓__, __←__, __↑__

3 Vervollständige die Muster.

4 Bilde eigene Muster aus Perlen und Fäden.

Blatt 7 — TEST: MUSTER UND FOLGEN

1 Male die Figur an, die zur ersten passt.

a

b

2 Setze die Folgen fort.

a

b 99, 89, 79, __69__, __59__, __49__, __39__, __29__

c

3 Bilde Folgen wie im Beispiel.

z.B.

a

b

4 Auf der Rückseite kannst du Legeplättchen mit einem Stift umfahren und so verschiedene Muster erzeugen und anmalen.

LÖSUNGEN

Name _____ Datum _____ Blatt 3

SYMMETRISCHE MUSTER

1 Stelle einen Spiegel auf die gestrichelte Linie und zeichne dann das Spiegelbild an die richtige Stelle.

a   b

c   d

e

f

g

2 Auf der Rückseite kannst du weitere Muster und ihr Spiegelbild zeichnen. Dabei kann dir ein Spiegel helfen.

132

N. Bauer/J. Tertini/J. Fay: Mathe lernen • Best.-Nr. 450 © Brigg Pädagogik Verlag GmbH, Augsburg

---

Name _____ Datum _____ Blatt 2

SPIEGELN, SCHIEBEN, DREHEN

Fahre mit einem Stift an den Legeplättchen entlang.

1 Klappe das Plättchen immer wieder um und bilde so ein Muster.

2 Verschiebe das Plättchen immer wieder und bilde so ein Muster.

3 Drehe das Plättchen und bilde so ein Muster.

4 Zeichne Muster auf die Rückseite, indem du die Plättchen drehst und verschiebst. Male die Muster an und schreibe auf, wie du sie erzeugt hast.

131

N. Bauer/J. Tertini/J. Fay: Mathe lernen • Best.-Nr. 450 © Brigg Pädagogik Verlag GmbH, Augsburg

LÖSUNGEN

Blatt 4 — FOLGEN UND IHRE REGELN

1 Setze jede Folge fort. Nach welcher Regel wird sie gebildet?

a) 21, 31, 41, 51, __61__, __71__, __81__, __91__
   Regel: 10 addieren (plus 10)

b) 15, 25, 35, 45, __55__, __65__, __75__, __85__
   Regel: 10 addieren (plus 10)

c) 75, 70, 65, 60, __55__, __50__, __45__, __40__
   Regel: 5 subtrahieren (minus 5)

d) 2, 4, __6__, __8, 10__, __12__, __14__, __16__, __18__
   Regel: 2 addieren (plus 2)

2 Finde für jede Folge ihre Regel.

a) 0, 3, 6, 9, 12 — Regel: 3 addieren / plus 3
b) 27, 22, 17, 12, 7 — Regel: 5 subtrahieren / minus 5
c) 1, 2, 4, 8, 16 — Regel: verdoppeln / mal 2
d) 50, 47, 44, 41, 38 — Regel: 3 subtrahieren / minus 3
e) 7, 14, 21, 28, 35 — Regel: 7 addieren / plus 7

3 Erfinde für deinen Partner eigene Zahlenfolgen und schreibe sie auf die Rückseite.

Blatt 5 — MUSTER IM HUNDERTERFELD

1 Wenn du bestimmte Zahlenfelder ausmalst, entstehen Muster:

a) Beginne mit der 2 und addiere jeweils 11.

1	2	3	4	5	6	7	8	9	10
11	12	**13**	14	15	16	17	18	19	20
21	22	23	**24**	25	26	27	28	29	30
31	32	33	34	**35**	36	37	38	39	40
41	42	43	44	45	**46**	47	48	49	50
51	52	53	54	55	56	**57**	58	59	60
61	62	63	64	65	66	67	**68**	69	70
71	72	73	74	75	76	77	78	**79**	80
81	82	83	84	85	86	87	88	89	**90**
91	92	93	94	95	96	97	98	99	100

b) Beginne mit der 81 und subtrahiere jeweils 9.

1	2	3	4	5	6	7	8	**9**	10
11	12	13	14	15	16	17	**18**	19	20
21	22	23	24	25	26	**27**	28	29	30
31	32	33	34	35	**36**	37	38	39	40
41	42	43	44	**45**	46	47	48	49	50
51	52	53	**54**	55	56	57	58	59	60
61	62	**63**	64	65	66	67	68	69	70
71	**72**	73	74	75	76	77	78	79	80
81	82	83	84	85	86	87	88	89	90
91	92	93	94	95	96	97	98	99	100

c) Welche Muster hast du erhalten? __diagonale Linien__

2

a) Beginne mit der 2 und addiere jeweils 2. Male die Zahlenfelder grün aus.
b) Beginne mit der 1 und addiere jeweils 2. Male die Zahlenfelder rot aus.
c) Welches Ergebnis hast du erhalten? __Streifen__
d) Welche Zahlen stehen in den grünen Feldern? __gerade Zahlen__
e) Welche Zahlen stehen in den roten Feldern? __ungerade Zahlen__

LÖSUNGEN

Name _____ Datum _____ **Blatt 7**

TEST: MUSTER UND FOLGEN

1 Setze die Folgen fort.

a C, S, C, S, __C__ , __S__ , __C__ , __S__

b 45, 35, 25, __45__ , 35, __25__ , __45__ , 35

c ●, ◉, ⊠, △, ◉, ⊠, △, ●, ⊞

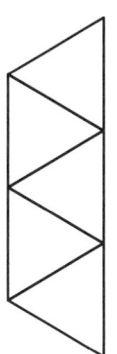

2 Erzeuge mit einem Spiegel ein Spiegelbild und zeichne es dazu.

a [rectangle pattern mirrored]

b [triangle pattern mirrored]

3 Setze jede Folge fort und schreibe auf, nach welcher Regel sie gebildet wird.

a 0, 7, 14, 21, __28__ , __35__ , __42__ , __49__
Regel: 7 addieren / plus 7

b 95, 90, 85, 80, __75__ , __70__ , __65__ , __60__
Regel: 5 subtrahieren / minus 5

c 2, 4, __6__ , __8__ , __10__ , __12__ , __14__ , __16__ , __18__
Regel: 2 addieren / plus 2

4 Erzeuge auf der Rückseite Muster, indem du Legeplättchen verschiebst oder drehst und jedes Mal den Rand mit einem Stift umfährst.

136

Name _____ Datum _____ **Blatt 6**

STREICHHOLZ-AUFGABEN

1 Du benötigst 3 Stäbchen, um ein Dreieck zu legen:

a Wie viele Stäbchen benötigst du mindestens, um 5 gleich große Dreiecke zu legen?

Meine Vermutung: _____

Überprüfe deine Antwort, indem du die Dreiecke bildest und hier zeichnest.

Ich habe __11__ Stäbchen benötigt.

b Wie viele Stäbchen benötigst du mindestens, um 10 gleich große Dreiecke zu legen?

Meine Vermutung: _____

Überprüfe deine Antwort, indem du die Dreiecke bildest und hier zeichnest.

Ich habe __19__ Stäbchen benötigt.

c Was hast du herausgefunden?

2 Auf der Rückseite kannst du die Übung mit 3 und 6 Quadraten wiederholen. Was bemerkst du? Erfinde selbst ein Muster aus anderen Figuren.

135

MATHE LERNEN
Urkunden

Tolle Verbesserung

_____

_____

hat sich toll verbessert im Bereich:

_____

Lehrer/-in _____

Datum _____

AUSZEICHNUNG

_____

verdient besondere Auszeichnung im Bereich:

_____

Lehrer/-in   Datum

MATHE LERNEN
Urkunden

Hervorragende Arbeit

_____

_____

hat hervorragende Arbeit geleistet im Bereich:

_____

Lehrer/-in _____

Datum _____

Super gemacht

Tolle Arbeit

Besondere Leistung

_____

hat eine besondere Leistung erbracht im Bereich:

_____

Lehrer/-in _____

Datum _____

145

MATHE LERNEN
Urkunden

Bitte üben!

Lehrer/-in   Datum

Toll gemacht!

WOCHENZIEL ERREICHT

im Bereich:

Lehrer/-in   Datum